数字中国

杨乔雅◎著

台海出版社

图书在版编目（CIP）数据

数字中国 / 杨乔雅著. ––北京：台海出版社，2024.4

ISBN 978-7-5168-3829-7

Ⅰ.①数… Ⅱ.①杨… Ⅲ.①中国—概况 Ⅳ.①K92

中国国家版本馆CIP数据核字(2024)第067066号

数字中国

著　　者：杨乔雅

出 版 人：蔡　旭　　　　　　　封面设计：回归线视觉传达

责任编辑：王　艳

出版发行：台海出版社

地　　址：北京市东城区景山东街 20 号　　邮政编码：100009

电　　话：010-64041652（发行，邮购）

传　　真：010-84045799（总编室）

网　　址：www.taimeng.org.cn/thcbs/default.htm

E - m a i l：thcbs@126.com

经　　销：全国各地新华书店

印　　刷：香河县宏润印刷有限公司

本书如有破损、缺页、装订错误，请与本社联系调换

开　　本：710 毫米 × 1000 毫米　　　1/16

字　　数：180 千字　　　　　　　　印　　张：14

版　　次：2024 年 4 月第 1 版　　　印　　次：2024 年 4 月第 1 次印刷

书　　号：ISBN 978-7-5168-3829-7

定　　价：68.00 元

推荐序

　　随着信息化与人工智能技术的不断进步与普及，数字化已经成为国家发展的重要战略，亦是大国竞争的前沿阵地。置身于百年未有之大变局和中华民族伟大复兴的关键时刻，推动数字技术和数字经济的发展，对于加快国家信息化进程、提高国家治理能力和水平、实现经济社会发展的转型升级和提升国家安全保障能力等，都具有重要意义和深远影响。因此，数字中国建设，是新时代推进中国式现代化的重要引擎，亦是构筑国际新竞争优势的有力支撑。正因为如此，党的二十大报告发出了建设数字中国的号召。2023年，中共中央、国务院印发了《数字中国建设整体布局规划》（以下简称《规划》），为数字中国建设提供了明确的指导与遵循。

　　《规划》出台后，如何准确把握中央精神，如何更好实现落地，推动数字中国建设向着既定目标加快迈进，需要人民的广泛参与和共同努力，需要政府、企业、学术界和社会各界的积极支持与配合。在此背景下，杨乔雅女士所著的《数字中国》一书，可谓是应时所需、应运而生，必将在数字中国建设中发挥其在理念普及、价值认同以及战略与政策咨询等方面的积极作用。

　　通读完此书，发现有这样三个特点令人印象深刻。

　　首先，脉络梳理全面系统。作为指导国家进行数字化建设的最顶层设计，《规划》既体现了党中央的决心意图与战略部署，更提出了按照"2522"

的整体框架进行布局的具体思路，即夯实数字基础设施和数据资源体系"两大基础"，推进数字技术与"五位一体"总体布局深度融合，强化数字技术创新体系和数字安全屏障"两大能力"，优化数字化发展国内国际"两个环境"，全面提升数字中国建设的整体性、系统性和协同性。本书紧扣整体框架，对上述布局进行了全面系统的梳理，既有助于确保我们的理解是完整的，不是片面的或有限的；又可以帮助我们理解《规划》所提出的各项举措之间的关系和相互依赖性，使我们既可以了解数字中国建设的具体方略，还可以从更宏观的视角清楚地看到数字中国建设的全貌与完整"施工路线图"。

其次，内容解读和延伸简洁明了。整本书开门见山、干脆利落，不见任何多余铺陈。我简单比照了一下《规划》与此书内容后发现，凡《规划》中讲得清楚的，书中几乎没有进行更多阐释。而内容有发挥之处，一是相关概念。因为数字技术涉及不少专门术语，有些概念我们比较难理解，书中以十分洗练的语言进行了深入浅出的解释。二是涉及历史与现实的内容。中国的信息化建设以及数字中国建设都已取得了不小的成绩，在世界范围内亦走在前列；《规划》的主体内容是面向未来的。为使我们更好地理解，必须找到现实坐标，因此，书中对于数字中国建设的历史与现状、面临的形势、矛盾与问题等，都进行了清晰而简洁的介绍与分析。简洁明了的内容解读，让我们不仅能够高效快速地抓住《规划》的关键信息，而且能够快速抓住数字中国建设的重点，大大提高了中央精神向普罗大众传递的效率。

最后，理论与实践相结合是全书最大的亮点。只讲大道理、不接地气的写作，往往流于说教和虚化，不为人们所喜，在数字传播时代更不为新生代读者所接受。秉承这一观念，本书在梳理《规划》脉络、解读《规划》内容之外，更以近全书一半的篇幅，为数字中国建设赋能全产业链、数字产业发展亦反哺于更快速推动数字中国建设、数字中国建设推动数字金融发展、数字金融发展又为数字中国建设提供动能，以及数字中国建设中数字新基建的生动实践，进行了全景与专业式展示，对数字中国建设中所催生出的一批标杆企业如华为、联发科、当红齐天、京东科技、科大讯飞、影谱科技和奇安信等，进行了深入浅出的案例式介绍。我们这些普通读者充分体会到，数字化浪潮在中国正以汹涌澎湃、不可逆转之势改变与重塑着我们的世界，同时还为那些投身到伟大的数字建设洪流中的建设者，或试图成为数字中国建设弄潮儿的创业创新者，提供了宝贵的启发和借鉴。

总之，本书是数字中国建设领域一部全面系统、准确简明、深入浅出的普及性著作，亦是一部具有前瞻性、可行性及富有洞见的本领域实操宝典。它既为我们提供了数字中国建设的全景视图，对于如何更好地推进数字中国建设，又具有很强的建言资政的意义。

在序的结尾处，我还想多说几句。论辈分，本书作者杨乔雅女士是我晚辈。当年我们这代人及我们上一代人所为之奋斗的，就是希望我们的后代在和平的环境中努力奋斗，把中国建设成为社会主义现代化强国。在出版此著之前，杨乔雅女士已广泛涉猎多个前沿领域，不仅在努力践行实业报国，更难得的是同时有学者情怀，出版了一些代表性著作。这令我非常欣慰与敬佩。因此，当她邀约我为其新著《数字中国》一书作序时，尽管我自知在此领域有许多认知上的盲点，但还是欣然同意了。这是表达我作为一个退休老人对乔雅及其所代表的新生代奋斗者的赞赏，同时也是想借此表明，无论是哪个年龄段或哪个阶层，我们都要以更开放的心态和更广阔的视野，迎接数字化时代的挑战与机遇，共同书写数字中国的美好未来。

是为序。

国防大学原副政委　李殿仁中将

2023 年 10 月

数字中国开启数字时代中国式现代化新征程

建设数字中国，是数字时代推进中国式现代化建设的重要引擎，是构筑国家新竞争优势的有力支撑。加快数字中国建设，对全面建设社会主义现代化国家、全面推进中华民族伟大复兴具有重要意义和深远影响。数字中国建设将基于中国国情和实际需求，以推动数字技术和数字经济的发展，助力实现高质量、高效率、高水平的社会主义现代化。

数字中国需要顶层设计。2023 年 2 月 28 日，中共中央、国务院印发的《数字中国建设整体布局规划》（以下简称《规划》）指明，按照"2522"的整体框架进行布局，即夯实数字基础设施和数据资源体系"两大基础"，推进数字技术与"五位一体"总体布局深度融合，强化数字技术创新体系和数字安全屏障"两大能力"，优化数字化发展国内国际"两个环境"，加强整体布局、整体推进，全面提升数字中国建设的整体性、系统性、协同性。要实现以上目标，主要涉及以下几个方面：一是到 2025 年基本形成一体化推进格局，数字中国建设取得重要进展；二是要夯实数字中国建设基础，打通数字基础设施大动脉，畅通数据资源大循环；三是要全面赋能经济社会发展，做强做优做大数字经济，发展高效协同的数字政务，打造自信繁荣的数字文化，构建普惠便捷的数字社会，建设绿色智慧的数字生态文明；四是要强化数字中国关键能力，构筑自立自强的数字技术创新体系，筑牢可信可控的数字安全屏障；五是要优化数字化发展环境，建设公平规范的数字治理生态，构建开放共赢的数字领域国际合作格局；六是要加强整体谋划、统筹推进，把各项任务落到实处，加强组织领导，健全体制机制，保障资金投入，强化人才支撑，营造良好氛围。《规划》的印发，标志着我国正式向全世界庄严宣告，一场具有中国特色的信息化革命全面拉开帷幕，并由此开启数字时代中国式现代化新征程。

《规划》为中国特色社会主义现代化新阶段提供了重要机遇和挑战。我们需要准确把握文件涉及的各个方面的深刻内涵，充分认识数字中国建设的重要性，加强组织领导，健全体制机制，营造良好氛围，推动数字中国建设向着既定目标不断迈进；需要人民广泛参与和共同努力，需要政府、企业、学术界和社会各界的积极支持和配合，共同推动数字中国建设的发展。

本书将围绕《规划》涉及的主要内容展开并做必要延伸，阐述数字中国建设的整体布局及对中国现代化新征程的影响。重点阐释数字中国建设的"六大体系"，即数字经济、数字政务、数字文化、数字社会、数字生态文明和数字安全。其中，数字经济是数字中国建设的核心，将成为推动中国经济高质量发展的重要力量；数字政务将重构政府与公众之间的关系，为政府治理提供数字化手段和创新思路；数字文化将重塑文化传承和创新的方式，通过数字技术的运用，推动中国文化的传播和发展；数字社会将改变人们的生活方式和行为习惯，为社会治理提供数字化工具和智能化方案；数字生态文明将推动可持续发展，以数字技术为支撑，构建人类与自然的和谐共生关系；数字安全则是数字中国建设的基石，为数字化转型提供可信可控的保障。

本书阐述了数字中国建设的关键能力，包括健全关键核心技术、攻关新型举国体制、完善网络安全法律法规和政策体系、建立数据分类分级保护基础制度、健全网络数据监测预警和应急处置工作体系。这些关键能力不仅是建设数字中国所必需的，也是我国经济实现数字化转型必须具备的，因而对数字化转型具有重要指导意义。作为数字中国建设的重要实践，数字化转型注重数字技术的自主创新和可持续发展、数字治理的规范化和公平性、数字领域的国际合作和互惠共赢。其中，数字技术的自主创新和可持续发展是数字中国建设的核心竞争力，也是数字化转型的重要支撑；数字治理是数字中国建设的重要任务，数字化转型需要规范化和公平性的治理环境，才能保障数字技术和数字经济的健康发展；数字领域的国际合作和互惠共赢是数字化转型的重要趋势，也是数字中国建设的重要组成部分。

另外，本书专章讨论了"数字中国建设受益于众多产业链细分领域""数字中国建设发展中动力十足的数字金融领域""数字中国建设之数字新基建成就斐然""数字中国建设过程中标杆企业横空出世"等相关议题。这是本书对《规划》讨论内容的延伸和展开，向读者展示数字中国建设的商机与成就，希望能给读者一些启发和建议。

本书通过对《规划》的深入解读和分析，为读者全面、准确地呈现了数字中国建设的发展现状和未来发展方向，帮助读者深刻认识数字化转型对中国现代化新征程的影响和意义。同时，本书还特以"分条列项"的方式，为政府、企业、学术界和社会各界提供有益的思路和借鉴，推动数字中国建设的进一步发展。这是本书在写作上的一大特点，条理清晰，拿来即用，堪称落实《规划》内容的实操宝典。

数字中国建设，不仅开启了中国特色社会主义现代化新征程，也为构建人类命运共同体、推进全球数字治理提供了重要的经验和启示。本书期望在数字中国建设的推动下，为中国现代化进程的加速提供有力支撑，为全球数字化转型的发展做出贡献。

第十章　数字中国建设过程中标杆企业横空出世

第一章
夯实数字基础设施与数据资源体系两大基础

中共中央、国务院于2023年2月印发的《规划》强调，要加强数字中国建设的基础，在网络建设方面，提出要加快5G网络与千兆光网协同建设，深入推进IPv6规模部署和应用，推进移动物联网全面发展，大力推进"北斗"的规模应用，以及建立健全各级数据统筹管理机构的管理体制机制。本章围绕这几个方面分析并给出了实施建议与路径。

加快5G网络与千兆光网协同建设

我国在 5G 网络和千兆光网建设方面已经取得显著成就，《2023 年上半年通信业经济运行情况》显示，截止 6 月末，我国铺设光缆线路总长度达到 6196 万千米，建成具备千兆服务能力的 10G PON（无源光纤网络）端口数量达 2029 万个，全国有 110 个城市达到千兆城市建设标准。同时，5G 建设也继续保持全球领先。我国累计建成 5G 基站 290 多万个，基站总量占全球总量的 60% 以上，持续深化地级市城区覆盖的同时，逐步按需向乡镇和农村地区延伸。预计到 2025 年，每万人拥有 5G 基站数量将达到 26 个。

无论是 5G 还是千兆光网建设，都为光纤光缆需求的释放提供了强大动力。推动 5G 和千兆光网协调发展，必将进一步释放规模效应和协同效应，推动通信和信息消费的快速增长，加快数字经济发展，这也为我国在全球数字技术和数字经济发展中占据主导地位奠定了坚实基础。因此，推进二者的深度融合发展，已成为我国下一步网络发展的重点工作。

1. 推进基础设施建设，加大对 5G 网络和千兆光网的基础设施投入力度

要增加政府财政对 5G 网络与千兆光网建设的支持，采取一系列措施降低企业建设成本，促进网络规模部署。政府应增加对网络基础设施建设的资金补贴，提供开放和优惠的融资环境与条件，减轻企业融资压力；简化网络建设项目审批流程，加快审批速度，提高资金使用效率；鼓励企业采用新技术与模式，共享基础设施资源，发挥协同效应，实现建设成本节约；加快配套设施建设，缓解资源制约压力，提高资源利用率。通过增加政府支持、优化融资环境、简化行政审批流程、促进技术创新与模式创新、加快基础设施共享步伐，可以明显降低 5G 网络与千兆光网建设总体成本，从而扩大网络覆盖范围，推动产业发展与数字经济增长。

通过上述措施，加大政府和社会对 5G 网络与千兆光网基础设施的投入力度，加速网络建设步伐，扩大网络覆盖面，满足人民日益增长的网络需求，从而为数字经济社会发展提供基础支撑。

2. 优化网络规划，科学规划 5G 网络与千兆光网的布局

要加强 5G 网络与千兆光网发展规划，统一思路，衔接国家战略，明确目标时间表，以明确 5G 网络与千兆光网的发展方向，形成网络建设的顶层设计图。要优先关注西部地区和偏远地区的网络建设，缩小数字鸿沟，加大偏远地区网络覆盖范围，促进区域协调发展。要加快配套资源规划，通过资源共享与规划，避免重复建设，提高资源利用效率。要密切跟踪新技术发展，不断优化规划方案。通过技术研判，优化网络规划，迎合技术变革；通过统筹城乡，实现网络有机衔接，以弥合网络鸿沟；通过标准规范，实现网络融合互联，提高网络服务质量；通过频率与资源协调，避免电磁干扰，以保证网络稳定运行。

通过以上措施，可以合理配置网络资源，推动区域均衡发展，实现人民群众普遍享有高速稳定的网络服务。这有助于构建数字经济发展新优势和缩小区域差距。

3. 技术协同，加强 5G 网络与千兆光网在技术上的协同

推动 5G 网络与千兆光网统一运维，提高运维效率和服务质量。建立两种网络统一的运维监控中心，实现对网络运行状态的实时监测与预警。制定统一的运维标准规范，确保运维质量。加强运维人员培训，不断提高运维技能。建立网络故障联动机制，减少用户网络中断时间。加大运维工具投入力度，提供硬件保障。加强日常巡检与定期检测，进行预防性维护。建立用户服务质量监测机制，不断提高用户体验满意度。

通过加强 5G 网络与千兆光网在技术上的协同，可以发挥两种网络之间的协作效应，实现建设与运营成本的双赢，为用户提供真正融合且连续的高质量网络服务。这有利于发挥数字经济社会建设的协同红利。

4. 简政放权，简化 5G 基站和千兆光网建设的审批流程

要推动 5G 网络与千兆光网的深度融合，实现高质量的无缝网络服务，为用户提供高质量体验。建立两种网络技术标准的互联互通机制，实现网络深度融合。推进网络设备与运维管理的融合与协同，降低重复建设和运维成本，提高效率，发挥协同效应。加强新技术在网络中的应用研究，不断完善网络融合方案，新技术应用可以进一步提高网络融合水平与服务质量。推进网络建设标准化，降低建设难度。建立网络互联互通机制，提供无缝高速网络服务，实现网络全面打开，为用户带来无间隙高速网络体验。

通过深化简政放权，进一步简化 5G 基站和千兆光网建设项目的审批流程，释放市场活力，加快网络建设速度，扩大网络覆盖范围，满足人民群众对网络服务的需求。这有利于构建市场机制高效运行的政策环境。

5. 提高网络运维水平，加强 5G 网络与千兆光网的日常管理运维

建立 5G 网络与千兆光网统一的网络监控中心，要考虑两种网络的技术特点，选择适合监控使用的系统方案与设备，实现监测参数的有机融合与一体化展现。

制定 5G 网络与千兆光网的统一运维标准规范，明确运维人员资质要求、服务响应时间限制等，确保运维质量。在制定统一的标准规范时，要综合考虑两种网络技术特性，建立明确的设备维修的时间标准与响应标准，实现有机融合，以指导网络的协同运维。

加强 5G 网络与千兆光网运维人员的专业培训，及时掌握关于新技术、新设备的运维知识和方法，提高运维技能。在加强人员培训时，要开展两种网络设备的综合运维培训，培养熟悉使用两种网络并能进行协同运维的高素质人才。

建立 5G 网络与千兆光网的故障联动处理机制，实现对两种网络故障的

快速响应和修复，缩短网络中断时间。在建立故障联动机制时，要研究针对两种网络故障处理的协同方案，制定联动流程，实现故障快速定位、联动抢修和恢复，最大限度减少网络中断带来的影响。

加大对5G网络与千兆光网运维工具及设备的投入力度，如监控仪器、检修车辆等，为运维工作提供硬件保障。在增加运维投入时，要选择适用于两种网络协同运维的监控设备与运维车辆，为网络运维工作提供统一的硬件保障，提高工作效率。

除此之外，还要加强5G网络与千兆光网的日常巡检和定期检测，以便及时发现网络设备故障和服务质量下降趋势，进行预防性维护；并建立5G网络与千兆光网用户服务质量监测机制，实现对两种网络运行质量的持续监测评估，不断完善网络和提高用户体验满意度。

通过上述在关键环节加强融合，可以建立5G网络与千兆光网的统一运维体系，实现网络管理深度融合。为此，要选择适合两种网络监控与运维的系统设备，培养熟悉两种网络并能协同运维的人才，研究两种网络故障处理协同方案，为两种网络运维工作提供统一的硬件保障。这些举措将有助于建立统一的运维体系，为用户带来全新体验。

6. 鼓励市场竞争，放开电信市场限制，允许更多私营企业参与5G网络和千兆光网建设

要进一步放开市场准入限制，简化市场主体资质条件，允许更多民营企业与社会资本进入；放开对投资规模与建设方案的限制，给予市场主体更大的自主权。

要给予不同市场主体公平的政策对待与法规保障，营造公开透明的市场环境。简化频率、网点的资源分配与使用审批手续，为各类市场主体创造公平获取资源的环境。同时，加强行政监管，避免资源重复建设与恶性竞争等市场失灵情况，行政监管要与市场开放并重。应鼓励民营企业与电信运营企业合作，采取政府与企业公私合营模式，发挥各自优势，加快网络建设速度。

上述措施能够释放市场活力，带动 5G 网络和千兆光网的快速发展，推动数字经济发展，让更多消费者享有网络红利。这有利于构建市场机制高效运行的政策环境，发挥私营企业的积极性。

深入推进IPv6规模部署和应用

作为下一代网络技术标准，IPv6（互联网协议第 6 版）在支撑未来网络发展、实现万物互联方面具有重要作用。因此，要大力推进 IPv6 网络与应用的深度融合，加快 IPv6 标准在各类终端、网站等中的广泛应用与推广，使 IPv6 标准在互联网中的规模部署成为现实，满足未来网络发展的技术需求。

1. 加快 IPv6 技术推广和网络升级

要加快 IPv6 技术在网络中的推广和升级步伐，在现有网络基础上加大 IPv6 技术引入力度，为 IPv6 规模商用奠定基础。主要措施如下：

（1）加快政府网络的 IPv6 技术升级。政府网络作为国家基础设施，应率先完成 IPv6 技术升级，发挥强大的引领作用。要制定政府机构网络 IPv6 技术升级时间表和路线图，加快政务网络、公共服务网络的 IPv6 改造速度。对各级政府网站进行 IPv6 访问测试和改造，实现政府网站全面支持 IPv6 访问，以此带动全社会 IPv6 应用升级。

（2）推动运营商网络加快 IPv6 商用化。推动电信运营企业加快公众网络中的 IPv6 化改造和商用，为政企用户和家庭用户提供基于 IPv6 的网络连接服务。要制订硬件设备升级计划，加快骨干网和接入网的 IPv6 技术改造速度，实现运营网络全面支持 IPv6 技术，为广大用户 IPv6 应用升级奠定基础。

（3）推广 IPv6 在数据中心和云计算中的应用。数据中心和云计算作为互联网的基础资源，是 IPv6 技术规模部署的重点场景。要推动数据中心网络和云平台支持 IPv6 技术，并要求云服务提供商开通基于 IPv6 的技术云服务，为政企用户提供基于 IPv6 的技术云服务。这可以使大批企业应用及其用户通过云服务实现 IPv6 技术升级，加快 IPv6 规模部署进程。

（4）加强 IPv6 技术标准化与人才培养。要加快 IPv6 技术标准的国际化进程，积极参与 IPv6 技术标准的制定，为 IPv6 产业发展提供标准支撑。同时，加强 IPv6 网络技术人才的专业培养，满足 IPv6 网络规划设计、运维管理等方面的技术人才需求，为 IPv6 规模部署提供人才保障。

（5）加大 IPv6 技术创新与研发投入力度。要加大对 IPv6 核心技术的研发投入力度，加快 IPv6 技术标准和协议的完善与升级，推出 IPv6 技术创新成果，为行业发展提供技术引领。重点投入 IPv6 安全、QoS（服务质量）、移动性管理等技术的研发，加快下一代 IPv6 技术标准的规范化进程。

以上对加快 IPv6 技术推广和网络升级进行的论述，旨在推动 IPv6 技术标准在公共网络与 ICT（信息与通信技术）基础设施中的深度融合与广泛应用，为 IPv6 技术的广泛商用和规模部署奠定坚实基础。

2. 加快 IPv6 终端和应用升级

要推动现有的互联网终端和应用全部升级为 IPv6 技术，为 IPv6 网络发展奠定广泛的装备和应用基础。主要措施如下：

（1）鼓励手机、PC 等终端设备支持 IPv6 技术。要推动智能手机、平板电脑、笔记本电脑等终端设备制造商采用 IPv6 技术标准，使这些终端产品具备 IPv6 网络访问的功能，为广大终端用户提供基于 IPv6 技术的网络服务接入手段。这需要制定支持 IPv6 技术的标准和准入条件，鼓励终端生产企业加快产品升级，满足 IPv6 技术网络接入需求。

（2）推动网站、应用等全面升级支持 IPv6 技术。在网站、搜索引擎、即时通信、网络游戏、在线视频等互联网应用领域，需要全面升级至 IPv6 技术标准，实现应用系统和内容均支持 IPv6 网络访问。这需要制定应用系统 IPv6 兼容性测试标准，推动各大应用运营商加快应用系统的 IPv6 技术升级，使应用系统与内容均可通过 IPv6 技术标准接入和传输。

（3）推广 IPv6 技术在新兴应用场景中的应用。要发挥 IPv6 技术在万物互联、可扩展移动网络等方面的技术优势，推广 IPv6 技术在物联网、智慧城市、车联网等新兴应用领域中的应用，带动各相关行业加快 IPv6 技术标准的学习和应用。重点推动基于 IPv6 技术的新兴应用产品的上市和商用，不断拓展 IPv6 技术的应用场景。

（4）开展基于 IPv6 技术的应用创新与研发。要围绕云计算、人工智能、边缘计算等新技术，研发更多基于 IPv6 技术的创新应用，不断丰富 IPv6 应用的内容和形式，带动 IPv6 应用需求的增长。可以针对不同行业开展 IPv6 应用创新大赛和项目研发，鼓励社会各界参与，促进 IPv6 应用的新技术、新模式和新业态的涌现。

（5）采取政策扶持 IPv6 应用系统升级。要制定扶持政策，鼓励和支持互联网企业加快网络服务和应用系统的 IPv6 技术升级。可以采取基金扶持、税收减免、政府采购等政策，推动各大科技企业和互联网公司加快产品和应用的 IPv6 升级进程，从而带动全行业的技术变革和产业升级。

通过上述加快 IPv6 技术推广与网络升级、终端和应用的全面 IPv6 技术升级的措施，可以加速 IPv6 标准在互联网中的规模部署与应用，为未来智能网络发展提供坚实基础。

推进移动物联网的全面发展

移动物联网，是基于蜂窝移动通信网络的物联网技术和应用，是新型基础设施的重要组成部分。其特点是使用移动通信技术（如 4G、5G 和暂未普及的 6G）连接设备，配备各种传感器感知和采集环境中的数据，通过云计算和大数据分析等技术提取有用信息，实现自动化和远程控制。我国移动物联网连接数占全球总量的 70%，在智慧城市、智能交通、智能医疗、智能制造、智能家居上有广泛应用。移动物联网技术的普及和应用，将深刻改变人们的工作和生活方式，推动社会的数字化转型，促进社会的可持续发展和经济增长。它将使万物互联，赋能千行百业，减少碳排放并促进绿色发展，推动重点领域的科技创新，提高全要素生产效率，带动新型消费。为了实现这些目标，需要从技术创新、标准化工作、数据安全与隐私保护、生态系统建设、政策支持和人才培养等方面入手。

1. 技术创新

技术创新是推动移动物联网发展的核心驱动力之一。要持续推进移动通信技术的研发和创新，如 5G、6G 以及各种低功耗、长距离的物联网通信技术，以满足各种物联网应用的需求。具体包括两个方面的创新：

（1）硬件方面。需要不断提升传感器、通信模块、芯片等设备的性能。传感器是移动物联网的基础，用于采集环境数据。持续的创新使得传感器变得更小、更节能，并具备更高的灵敏度和准确性。例如，微型的传感器可以嵌入各种设备和物体中，实现更广泛的数据采集。关于通信模块创新，随着 5G 等新一代通信技术的发展，通信模块得以支持更高的数据传输速率、更广的覆盖范围和更低的功耗。这使得移动物联网设备能够更快速、可靠地进行数据传输，并在更广泛的区域内实现连接。芯片技术的创新对移动物联网至关重要。创新的芯片设计可以提供更高的计算能力、更低的功耗和更强的安全性。此外，集成多个功能模块的系统级芯片（SoC）的发展也使得设备更加紧凑和高效。

（2）软件方面。需要开发智能化的算法和分析工具，以实现数据的实时处理和智能决策。同时，人工智能、大数据分析、云计算等技术也能够为移动物联网提供更强大的支持。移动物联网产生的海量数据需要进行实时处理和分析，以提取有价值的信息。创新的软件算法和分析工具可以实现高效的数据处理、模式识别、预测分析和决策支持，从而实现智能化的应用。人工智能和机器学习的创新为移动物联网带来了巨大的潜力。通过使用机器学习算法和深度学习模型，可以对大规模数据进行训练和模式识别，从而实现自主决策和智能控制，这为移动物联网设备的智能化和自适应能力提供了基础。软件开发和应用平台的创新对于移动物联网的发展至关重要。开发者需要创新工具和开发框架，以便快速开发和部署移动物联网应用。同时，开放的应用平台可以促进不同厂商的设备和服务的互联互通，实现更广泛的应用和更丰富的生态系统。

总体而言，硬件和软件创新二者相互依存，共同推动移动物联网的发展。硬件的创新使得设备更小、更智能、更节能，而软件的创新实现了更高级别的数据处理、分析和决策能力。随着这两个方面的不断创新，移动物联网将能够实现更广泛的应用，产生更大的社会影响。

2. 标准化工作

标准化工作，指的是制定和推广相关的技术和业务标准，这在促进移动物联网生态系统的协同和发展过程中发挥着重要作用。

（1）制定技术标准。制定技术标准是确保不同设备和系统之间能够相互通信和实现协作的基础。标准化组织和行业联盟可以通过广泛的讨论和合作，制定统一的技术规范和标准，确保各个厂商和开发者在设计和生产设备时都能遵循相同的规则和要求。这样一来，不同厂商生产的设备可以相互兼容，用户能够获得更好的使用体验，同时也促进了设备的广泛应用和市场竞争。

（2）制定和推广业务标准，这也是移动物联网生态系统发展的关键。业务标准涉及数据流程、业务流程、安全策略等方面的规范。通过制定统一的业务标准，不同平台和服务提供商能够在数据交换和业务合作上实现互操作性。标准化的业务流程和数据格式可以降低系统集成的难度，简化开发和部署过程，提高整体效率。此外，业务标准还可以确保数据隐私和安全，保护用户和企业的利益不受侵害。标准的制定是一个长期而复杂的过程，需要广泛地参与和协商。标准制定完成后，推广和采纳工作也同样重要。

通过制定和推广相关的技术和业务标准，确保设备、平台和服务之间的互操作性，可以降低开发和集成的难度，促进创新和市场竞争，提高用户体验和数据安全性，进而推动整个移动物联网行业的繁荣和可持续发展。

3. 数据安全与隐私保护

在移动物联网中，数据安全和隐私保护是至关重要的方面。为了确保数据的安全性和保护用户的隐私，需要制定和实施强有力的数据安全和隐私保护措施。

（1）制定和实施强有力的数据安全措施。在数据安全方面，能够采取的措施应该包括加密技术、访问权限控制和身份认证、安全漏洞管理、数据备份和恢复。使用加密技术对移动物联网中的数据进行加密是一种常见的数据安全措施。加密技术的使用，可以保护数据在传输和存储过程中的机密性，使其对未经授权的人员不可读。对于敏感数据，使用强大的加密算法和密钥管理机制尤为重要。建立严格的访问权限控制和身份认证机制是保护数据安全的关键。只有经过授权的用户才能访问和操作数据。使用多因素身份认证、访问令牌和权限管理等技术，可以确保只有合法用户才能获取数据。及时发现和修复安全漏洞对于保护数据安全至关重要。制定安全漏洞管理措施，进行定期的安全审计和漏洞扫描，及时修补发现的漏洞，以减少潜在的安全威胁。数据备份和恢复方面，需要定期备份数据，并确保备份数据存储在安全位置，并进行加密和访问权限控制；在遭受数据泄露、丢失或其他安全事件时，能够快速恢复数据至关重要。

（2）制定和实施强有力的隐私保护措施。在隐私保护方面，能够采取的措施应该包括制定隐私权政策、匿名化和脱敏技术、数据最小化原则、用户授权和选择权，以及隐私教育和意识提高等。制定明确的隐私权政策是保护用户隐私的基础。隐私权政策应详细说明收集的数据类型、使用目的、数据共享情况以及用户的权利和选择。用户应该明确知道自己的数据将如何被使用和保护。在处理和存储数据时，采用匿名化和脱敏技术可以最大限度地减少侵害用户隐私的风险。通过去除或替换个人身份信息，使数据无法与特定个人关联起来，从而保护用户的隐私。遵循数据最小化原则，指的是只收集和使用必要的数据，不收集不必要的个人信息，限制数据的存储时间，并定期清理不再需要的数据，以减少数据泄露和滥用的风险。给予用户对其个人数据的授权和选择权是保护隐私的重要方面。用户应该能够选择是否共享他们的数据，以及选择数据使用的目的。提供明确的选择机制和易于理解的用户界面，使用户能够方便地管理其隐私设置。加强用户的隐私教育和意识提高是保护隐私的关键。用户应该明白他们的权利和隐私风险，并学习如何使用自己的权利和保护自己的隐私。同时，组织和企业也需要进行内部培训，确保员工了解隐私保护的重要性。

制定和实施上述这些强有力的数据安全和隐私保护措施，可以最大限度保护移动物联网中的数据安全和用户隐私。然而，需要注意的是，数据安全和隐私保护是一个持续的过程，需要与技术进步和安全威胁的演变同步更新和改进。

4. 生态系统建设

物联网生态系统的建设，需要鼓励和支持各种物联网应用的开发和商业化，同时，也要建设和完善相关的硬件、软件、服务和解决方案的供应链，以形成一个健康的物联网生态系统。

（1）物联网应用的开发和商业化。要实现物联网应用的开发和商业化，需要提供相应的支持措施和政策环境。例如，政府可以提供创新基金或补贴，以促进物联网初创企业的发展。同时，建立合适的法律框架和知识产权保护机制，以保障开发者的权益，鼓励他们投入更多的资源和精力。

（2）建设和完善相关的硬件供应链。这包括生产、制造、组装和测试物联网设备的能力。通过建立高效的供应链，可以降低成本、提高生产效率，并确保设备的质量和可靠性。此外，还需要推动硬件创新，包括传感器、通信模块和芯片技术的发展，以满足不断增长的物联网需求。建设和完善软件和服务的供应链是物联网应用的关键。这包括开发和提供物联网平台、数据分析工具、应用程序编程接口（API）等软件解决方案，以及提供设备管理、安全性、云服务等增值服务。通过建立开放的软件和服务生态系统，可以促进创新、合作和共享，加速物联网应用的发展和商业化。建设和完善物联网解决方案是将硬件、软件和服务三者整合在一起，以实现特定的应用目标，具体包括设备集成、系统设计和部署、技术支持和售后服务等方面。通过建立合作伙伴关系和供应链合作，可以提供更全面、一体化的解决方案，以满足不同行业和领域的需求。

以上措施将促进技术创新、推动经济增长，并为用户提供更多智能化、便捷化的服务和体验。事实上，一个健康的物联网生态系统还需要各方共同努力，包括政府、企业、学术界和社会各界的合作，以共同推动物联网的发展和应用。

5. 政策支持

政策支持在推动移动物联网的研发和应用方面起着非常重要的作用。政府可以通过制定友好的政策和法规，提供各种资金和税收的激励政策，促进业界合作，以及建立健全测试与认证机制，来促进移动物联网的发展。

（1）制定政策和法规。政府通过制定与移动物联网相关的友好政策和法规，可以提供清晰的指导和规范。这些政策和法规涉及数据隐私保护、网络安全标准、频谱管理、设备认证等方面，将为企业和开发者指明发展方向，降低市场准入门槛，促进创新和竞争。

（2）提供资金支持。政府通过设立专项资金或创新基金的方式，向移动物联网领域的企业和项目提供资金支持。这些资金可以用于研发、试验验证、市场推广等方面。提供资金支持可以帮助初创企业和创新项目克服资金难题，加速技术的研发和商业化过程。

（3）实施税收激励政策。政府可以通过税收政策，为从事移动物联网研发和应用的企业提供激励。例如，减免研发费用的税收优惠、降低创新型企业的税负、免征特定项目的增值税等。这些税收激励政策可以降低企业的运营成本，增加投资回报率，吸引更多的资金和资源进入移动物联网领域。

（4）促进业界合作。政府积极促进企业之间、学术界与产业界之间的合作，搭建交流平台和合作机制。例如，组织行业研讨会、技术交流会议，支持产学研合作项目等。通过加强合作，可以促进技术创新和知识共享，加速移动物联网技术的发展和应用。

（5）建立健全测试与认证机制。政府通过建立移动物联网设备的测试与认证机制，可以确保设备的安全性、互操作性和合规性。通过认证标志和认证程序，可以提高消费者和企业对移动物联网设备的信任，有利于推动市场的健康发展。

通过以上措施，政府能为移动物联网领域的企业和创新项目创造一个有利的环境，促进技术的创新和商业化，推动移动物联网的发展。这将带来更多的创新应用、提升社会的生产力，为经济增长和社会进步做出积极贡献。

6. 人才培养

人才培养是推动移动物联网发展的关键因素之一。为了满足移动物联网行业的需求，需要培养和吸引相关技术人才、管理人才和服务人才。

（1）培养技术人才。移动物联网的发展，需要具备相关技术背景和专业知识的人才。这包括物联网通信技术、传感技术、数据分析和人工智能等相关领域的专业人才。为了培养技术人才，需要加强相关专业的教育和培训，提供系统化的课程和实践机会。同时，鼓励学生参与科研项目和创新竞赛，培养创新思维和实践能力。此外，与企业合作开展实习和实训项目，使学生能够接触实际项目和工作场景，提升他们的实际操作能力。

（2）培养管理人才。物联网行业的发展，需要具备管理技能和商业洞察力的人才来推动和管理相关项目和企业。培养管理人才需要注重培养创新管理思维、项目管理、团队合作和领导能力等方面的知识和技能。可以开设和组织相关的管理课程和研讨会，邀请行业专家和成功企业家来分享经验。同时，为有创新创业意愿的学生提供创业培训和支持，鼓励他们在移动物联网领域创办新企业。

（3）培养服务人才。服务人才包括技术支持、售后服务、解决方案咨询等方面的人才。这些人才需要具备良好的沟通能力、问题解决能力和客户服务意识。培养服务人才可以通过提供专业的培训和实践机会，让学生了解客户需求和行业标准，掌握相关的技术和工具，培养良好的服务态度和团队协作能力。

（4）吸引人才。除了培养人才以外，吸引优秀的人才也是至关重要的。政府和企业可以提供吸引人才的政策和福利条件，例如提供良好的薪酬待遇、职业发展机会、灵活的工作环境等。同时，加强与高校、机构之间的合作，建立产学研结合的人才培养模式，吸引各方面人才参与移动物联网领域的研究和实践。

上述人才培养措施，可以满足行业的发展需求，推动创新和应用的不断进步。为此，政府、教育机构和企业应加强合作，共同努力，在培训教育和人才引进方面提供支持和机会，为移动物联网行业培养出更多的高素质人才，以推动行业的繁荣和可持续发展。

大力推进"北斗"的规模应用

2022年以来，北斗导航系统加快与电力、自然资源、农业、通信、交通等行业基础设施的深度融合，大大提高了高精度位置服务能力，初步形成深度应用和规模化发展的良好态势。北斗系统正进一步深度融入各个行业，全面支持国家基础设施建设。如在农业领域，2023 年，基于北斗系统的农机自动驾驶终端已超 20 万套。强国先强农，北斗系统在农林渔牧等领域逐步形成深度应用、场景不断丰富的规模化发展。在"北斗智慧"的助力下，农业操作精度显著提高，人工成本有效下降。又如在交通领域，基于北斗系统的道路运营车辆超 800 万台，船舶 4.7 万艘，共享单车 500 万辆，有 98% 以上的智能手机支持北斗定位，地图软件日调用北斗定位超过 3000 亿次。北斗大数据在各领域的应用范围不断扩大，服务形式不断增加。

实践告诉我们，大力推进北斗系统的规模应用，可以从以下几个方面着手：

1. 加大政策和资金支持力度

政策扶持和资金投入既是发展新兴产业的基础保障，也是激发企业研发热情和市场活力的重要举措。加大对北斗系统相关企业和产业的政策扶持力度，增加研发和产业化资金投入，可以达成引导社会资本参与，带动产业快速发展的目的，这对于推动北斗系统的规模应用是至关重要的。

（1）加大财政投入力度。要增加北斗系统建设和运行的财政投入，保障系统持续高质量运行。同时，增加产业发展基金，用于支持北斗系统重大工程的研发与推广应用。

（2）出台产业扶持政策。给予北斗系统的产品和服务税收优惠，加大鼓励企业研发投入的税务抵扣，减免关键零部件产品进口关税等。这些举措有利于降低企业成本，激发研发热情。

（3）发挥政府采购力量。政府部门优先采购北斗系统的产品，能够直接拉动相关供应商产量，发挥示范带动作用，促进更多用户选择北斗系统的产品与服务。

（4）创新政策工具。如建立北斗系统的产品、技术或标准的认证制度，对认证产品实行政府补贴策略，增加采购需求。这样可以规范产业发展，激励企业创新升级。

（5）加强资金引导。打造产业项目资金链接平台，引导社会资本加大对北斗系统初创企业和重点产业项目的投入力度。同时，扩大银行对北斗系统企业的信贷支持，降低其资金成本。

2. 培育产业生态

采取多种措施培育完整的产业生态，发挥产业链各主体作用，实现协同发展，是增强产业活力和竞争力，保持产业持续快速发展的基础。

（1）培育产业链。要培育北斗系统的芯片、组件、模块、终端、应用等产业链，推动上下游产业协同发展。加大技术研发投入力度，制定产业扶持政策，引导产业资本投入。

（2）建设产业集群。选择重点区域建设北斗系统的产业集群，汇集上下游企业、研发机构、应用示范项目，培育区域产业优势。这需要提供政策支持，搭建产学研平台，促进要素集聚与技术提升。

（3）鼓励企业技术创新。通过市场化机制、政策引导，鼓励企业加大研发投入力度。开展北斗系统的芯片、高精度产品、智能终端等关键技术和产品创新。以此来激发企业活力，带动产业升级。

（4）提供试验验证平台。搭建产品与应用的试验验证平台，通过开展兼容性测试、性能验证等方式，为产品研发与应用推广提供技术支撑。由此可以缩减产品研发周期，降低企业风险成本。

（5）开展人才培养。加强与北斗系统的产业相关的专业人才培育，开展技能培训和认证，满足产业发展需求。这需要高校与企业联手，制订人才培养计划，并制定相关技能培训方案。

（6）推广产业活动。通过举办北斗系统的产业发展论坛、展览等交流学习活动，促进产业链相关企业合作，扩大产业影响，吸引社会资本关注，带动产业发展。

3. 拓宽应用场景

拓宽应用场景，最大限度地发挥北斗系统的技术与产业优势，创造产业与经济价值。这是推动北斗系统实现规模发展的重要抓手。

（1）深化重点行业应用。要深化北斗系统在交通、政务、测绘、通信等重点行业的应用，满足用户对高精度定位的需求。加大推广力度和资金技术支持，带动重点用户接受和认可北斗系统的产品和服务。

（2）开拓新应用模式和场景。要推广北斗系统在移动互联网、区块链等新技术中的应用场景，如结合大数据与区块链的溯源应用，结合5G的自动驾驶等；推进北斗系统在无人机、智能机器人等领域的应用。加强科技研究，建设多样化智慧科研场景和平台，发掘新的需求与机遇，研究新的技术特征，探索新的应用模式与场景，促进产业创新与标准化形成。

（3）拓展民用市场。要加大北斗系统在大众消费类产品如智能手表、车载导航等领域的推广；研发高精度和高可靠性产品与增值服务，满足高端用户在民用航空、无人驾驶等领域的需求。拓展民用市场与应用场景，最大限度发挥规模效应，带动产业快速发展。

（4）国际市场拓展。要加大对"一带一路"合作伙伴的北斗系统推广力度，拓展国际市场与应用场景。研究其他国家用户需求，制定适合国际市场的拓展策略，提供技术支撑和产品服务，提高国际影响力。

4. 加大宣传力度

加大宣传推广力度，增强公众对北斗系统的认知与信任，采用多种手段，通过丰富的宣传内容与生动的应用案例，让受众直观感知北斗系统带来的价值，推动产业发展与应用。有效的宣传方式和载体，广泛的市场影响是北斗系统实现规模应用的重要措施。

（1）利用多种媒体。要利用电视、网络、报刊、社交媒体等进行系统性的宣传，让更多公众了解北斗系统与产业发展的现状与前景。精心设计宣传内容，选择适宜的宣传渠道与形式。

（2）举办国内外交流活动。面向公众举办科普讲座、展览活动，让公众零距离地接触北斗系统，直观体验系统与产品带来的便利与效用，激发使用热情。举办国际北斗系统的论坛等系列推广活动，宣传我国北斗系统的产业发展与国际合作意向，在增进双方了解，扩大产业影响力的同时，为国际市场的拓展与应用创造条件。

（3）开展重点行业应用推广。开展北斗系统在交通、测绘等重点行业的应用推广，让用户直观感受系统的价值与实用性。深入了解目标用户的需求与痛点，选择重点产品，积极推进应用示范，产生口碑效应。

（4）培育品牌价值。构建北斗系统的品牌体系，培育品牌影响力与公信力，切实塑造和提升品牌形象与价值。

通过以上四个方面的举措，进一步丰富北斗系统的应用场景，培育完善的产业生态，扩大用户规模，让北斗系统深度融入各行各业，真正实现规模化应用和产业发展，有力推动我国卫星导航产业发展，服务国家经济和社会发展大局。

建立健全各级数据统筹管理机构的管理体制机制

有了网络基础设施，还需要有内容数据开放和循环，才能让数字真正流动起来，这就是畅通数据资源大循环，即健全各级数据统筹管理机构的管理体制机制。这也是数字中国建设的一个基本条件。

要建立数据统筹管理机构的管理体制机制，关键是要破除部门壁垒，转变管理理念，加大顶层设计与推动力度。具体来说，要实现数据的大循环与全流程管理，加强工作协同，推进数字治理改革进程，并发挥好党政机关的带动作用。只有畅通的数据生态和数字治理新格局，才能充分发挥大数据在政务管理中的重要作用，实现治理体系的现代化转型。

1. 畅通政务数据资源大循环渠道

要实现政务数据资源大循环，关键是要突破部门与区域壁垒，加强顶层设计与规划，研究制定一系列共享技术标准，构建统一的管理体系与共享平台，并推进政务数据的开放应用。

（1）制定政务数据共享标准。要研究政务数据产生、流转的全过程，制定数据采集、存储、交换格式等技术标准，实现语义表达的统一，为数据的互通共享奠定基础。

（2）搭建政务数据共享平台。要基于统一的数据标准，搭建跨部门、跨地区的政务数据共享平台，实现数据的采集、存储、运维等一条龙服务，突破数据孤岛，实现数据大循环。

（3）统一政务数据管理体系。要构建统一的政务数据管理标识体系，规范部门、地区在数据的采集、存储等环节的工作，实现管理工作的衔接融合，促进数据全流程监管。

（4）加强政务数据治理。要加强对政务数据的规划、采集、使用、共享等的监管，特别要建立政务数据安全管理制度，确保数据在循环过程中不发生泄露与滥用情况。

（5）推进开放应用。要在保障数据安全的前提下，推进政务数据开放应用，为社会发展提供数据支撑。要制定数据开放目录和标准，选择有影响力的数据集进行开放，并加强对开放数据的监管。

2. 完善工作协同机制

要完善政务数据管理的工作协同机制，关键是明确职责、加强衔接、共享成果、加强监督，并推进部门自身改革。这是打造畅通数据生态的重要举措。

（1）明确数据管理职责。要明确各部门、各级政府在政务数据管理的采集、共享、开放等环节中的职责，避免责任不清、工作重叠的情况发生。这是工作协同的基础。

（2）加强工作衔接。要在数据管理全过程中加强部门与部门、各级政府之间的工作衔接。例如，数据采集标准的统一，信息系统接口的对接，数据交换格式的兼容等。要建立定期工作协调机制，及时发现和解决工作不衔接的问题。

（3）共享数据治理成果。要在政务数据治理工作中，特别是在数据标准制定、管理体系构建等方面，加强不同部门、各级政府之间的协同，实现工作成果的共享。这可以避免重复工作，提高治理效率。

（4）加强协同监督。政务数据管理的各个环节都需要进行监督，要加强部门间的协同监督，形成工作合力。如部门之间可以在数据采集、开放使用等方面相互检查，及时发现问题并进行改进。

（5）推进部门数据治理改革。要在政务数据治理工作中，推进部门内部的数据管理机制改革，特别是一些数据资源相对独立的部门。政务数据管理的各部门都要以体制机制改革来推动自身工作创新，实现与大循环的融合。

3. 形成数字治理新格局

要实现数字治理新格局，关键是要转变政府管理的理念与方式，建立科学的数据治理机制，发挥数据驱动政府治理的效能，并以此推动数字政府建设。这是政府管理体制改革的重要方向。只有管理体制机制与技术手段协调发展，才能进一步提升政府治理能力与水平。

（1）转变政府职能。要以大数据时代政府工作特征为导向，转变政府职能。如从后台管理转向数据治理，从部门治理转向协同治理，从事后监管转向预测预警等。

（2）建立数据协同治理机制。要在政务管理各个环节，建立跨部门的数据采集、分析、决策协同机制，实现治理资源的有效聚合与优化配置。如在城市管理中建立部门间数据共享机制，在政策研究中实行数据采集与需求对接制度等。

（3）发挥数据价值。要通过实施数据协同治理机制，充分发挥政务数据的价值，如进行精准施策、智慧城市管理、公共服务优化等。

（4）推进数字政府建设。要以政务数据管理体制机制创新为抓手，推进数字政府建设。如构建统一的政务数据管理平台，加强数据资源的管理与开放，利用大数据技术来分析和进行科学决策，优化政府数字服务等。

（5）加强人才培养。要加快培养数据治理与分析人才，满足政务管理数字化转型需求。要加强对管理人员与技术人员的系统培训，引入相关专业人才，鼓励人才的跨界流动，为新技术运用和新兴业务开展提供强有力的人才支撑。

4. 充分发挥党政机关的枢纽作用和带动作用

各级党政机关要发挥在政务数据管理体制改革中的关键作用，需要统筹协调与组织推进，发挥带动与示范引领作用，并加强督促检查与跟踪评估。只有党政机关把改革工作摆在突出位置，采取有力举措，与各部门共同努力，不断深化与扩大改革，才能建立健全政务数据管理体制机制，实现数字政府治理能力的跨越式提升。

（1）加强统筹协调。各级党政机关要在政务数据管理体制机制改革中发挥统筹协调作用，研究制定改革方案与举措，协调各部门与单位的工作落实。

（2）推进关键举措。各级党政机关要推动关键举措的实施，如政务数据资源目录编制、管理标准制定、共享平台建设等。

（3）发挥带动作用。各级党政机关要发挥在系统内的带动作用，大力推进数据管理体制机制改革与创新。

（4）加强督促与检查。各级党政机关要加强对政务数据管理体制机制改革工作的督促与检查，特别是一些改革难度大、进展慢的地方与部门。

（5）进行跟踪评估。各级党政机关要定期对政务数据管理体制机制改革工作进行跟踪评估，总结经验与教训，检验改革效果。

第二章
大力推进数字技术与"五位一体"的
深度融合

　　全面推进数字化建设，需要数字技术与经济社会的深度融合，即科学规划和推进数字技术与实体经济、政务应用、文化传播、社会保障、生态环境建设的融合。这样才能发挥数字化的巨大潜力，推动经济社会高质量可持续发展，为实现民族复兴提供强大支撑。

推动数字技术和实体经济深度融合

党的二十大报告提出，要"加快发展数字经济，促进数字经济和实体经济深度融合"，这预示着产业数字化将迎来更大的发展机遇。加快数字技术与实体经济深度融合是当前和今后经济社会发展以及数字经济发展的重中之重。

数字技术与实体经济的深度融合，是推动经济社会发展和传统企业数字化转型的重要引擎，是建立现代化产业体系的重要内容，对促进国内、国际双循环具有重要作用。近年来，新一代信息技术如 5G 通信、人工智能、大数据、云计算、物联网等开始加速融入企业的各个环节，在研发设计、生产制造、供应链管理、客户服务等方面形成协同研发设计、远程设备操控、设备协同作业、柔性生产制造、设备故障诊断、厂区智能物流等系列新型应用场景，助推企业数字化转型。

为加速数字技术与实体经济的深度融合，更好地赋能行业数字化转型，重点应从以下几个方面系统推进：

1. 加快企业新型基础设施建设

加快企业新型基础设施建设，关键是要围绕云计算、物联网、大数据、网络安全和移动互联等新技术，构建相应的新型基础设施。

（1）构建企业云服务平台，为企业选择适合的云服务模式，如私有云、公有云和混合云，利用云计算等新技术加强资源管理与调度。

（2）搭建物联网系统，在企业关键环节和重点工序中加装传感设备，实现信息采集与传输，为生产运营提供数据支撑。

（3）建设大数据分析平台，整合企业内部与外部数据资源，采用云计算、大数据等技术加强数据基础设施建设。

（4）完善网络安全防护，采取信息加密、访问权限控制、网络隔离等措施，对接国家网络安全体系，抵御网络安全风险。

（5）提升移动办公能力，选择运营商提供的移动网络服务，建设与之连接的企业移动办公系统，实现远程办公、协同办公等功能。

2. 创新数字化应用场景

创新数字化应用场景，根据企业的发展需求来选择适宜的数字技术，特别是前沿技术，在产品设计、制造、营销、服务与管理等方面持续实现应用创新与场景再造，这是推动产业变革与升级的重要途径。

（1）数字化产品设计。利用数字技术，如虚拟现实技术、三维打印技术等数字技术进行产品研发设计，建设产品研发数据库与设计平台，在数字空间完成产品的设计与验证，缩短设计周期，提高设计质量。

（2）智能化生产制造。要在生产制造环节广泛应用人工智能技术、传感器技术、智能控制技术、工业物联网技术等实现生产过程智能化。

（3）数字化营销。要利用大数据技术、云计算技术、虚拟现实技术、信息安全技术等进行数字化营销。通过 IP 数字化、圈层深分数字化、平台数字化、传统渠道数字化这四个数字渠道进行销售渠道拓展，在产品设计、定价、促销、客户关系管理等方面综合运用数字技术进行营销创新。

（4）数字化服务。要利用人工智能技术、云计算技术、大数据技术，提供服务过程、服务内容、服务形式的数字化客户服务。通过线上应用与社交平台进行服务，利用人工智能技术提供智能客服，利用大数据进行客户画像分析，在全渠道实现一致的个性化服务。

（5）数字化管理。要在企业管理的各个环节应用人工智能技术、云技术、大数据技术、信息安全技术等实现管理工作的数字化、网络化和智能化。这需要在信息系统、业务流程、管理方式等方面进行创新，从而推动管理效率和效能的提升。

3. 加强数字化平台建设

加强数字化平台建设，是加速产业变革的重要基石。关键是要构建产业数字化平台、企业数字化平台与开放创新平台，同时要完善相关标准与运营机制。

（1）构建产业数字化平台。要建立面向产业的数字化平台，实现产业协作与共享。这需要整合产业内关键数据资源，搭建数据交换标准与系统接口，提供产业内企业协同应用的平台环境与工具。

（2）建立企业数字化平台。要构建企业内部数字化协同与决策平台。这需要整合企业内各系统与数据资源，实现统一的身份认证、数据访问权限与应用接入，支持流程重组、移动办公与协同应用。

（3）创建开放创新平台。要构建面向外部的开放创新平台，与合作伙伴共享数据与应用资源。这需要对接平台内外系统，实现数据安全可控地开放，为创新活动提供技术环境与工具支持，促进产学研深度融合。

（4）加强行业标准建设。要推进与数字技术相关的行业标准与规范建设。这需要研究新技术在行业中应用的融合机制与标准需求，制定数据交换格式、系统接口、安全规范等标准，为数字化平台与应用提供标准保障。

（5）完善平台运营机制。要建立数字化平台的长效运营机制。这需要制定平台发展战略与规划，建立决策机制、资金机制与安全机制，采取激励措施吸引合作伙伴，提供高质量的平台服务，不断完善运营规则，实现平台的持续创新与高效运行。

4. 探索数据驱动产数融合发展新模式

探索数据驱动产数融合发展新模式，关键是要研究行业数据资产与技术应用，构建系统的数据采集与治理体系，发展数据驱动应用，并在此基础上构建行业数据生态系统。

（1）研究行业数据资产。要针对行业特征与企业需求，研究关键数据资产与热点问题。这需要分析行业内外数据资源，识别企业数据短板，梳理数据驱动研发、生产、营销与管理的痛点和难点，为数据采集与应用提供指导。

（2）构建数据采集体系。要建立系统且全面的数据采集方案与采集体系。这需要考虑行业内外各类结构化与非结构化数据，并据此制定有针对性的数据采集方案，部署相应的技术手段与系统，实现自动采集和人工采集相结合。

（3）加强数据治理能力。要建立数据质量管理、数据安全管理与数据生命周期管理机制。这需要指定数据责任人，完善数据分类与管理标准，建立数据审核、检查与监控体系，对重要数据资产实施加密与访问权限控制，以此来保障数据的完整性、一致性与安全性。

（4）应用数据驱动技术。要研究人工智能、大数据分析与机器学习等技术在行业中应用的场景与方式。这需要针对典型业务痛点与决策难点，开展算法与模型研发，构建数据驱动应用系统，探索更加自动化、优化与智能的管理决策机制。

（5）构建数据生态系统。要在数据采集、治理与应用的基础上，构建行业数据生态系统。这需要整合各类内外部数据与模型资源，实现跨主体、跨域的数据连接与共享，形成数据闭环，持续丰富并利用数据资产，发挥数据协同效应，推动产业链协同创新。

5. 积极引入有实力的集成服务商

积极引入有实力的集成服务商，是加速企业数字化转型的重要举措。需要针对需求与服务商选择合作模式，明确工作任务，建立管理机制。只有选择优秀服务商，实现高效合作，才能发挥真正作用，提高转型速度与质量。

（1）评估服务需求。对企业数字化转型与技术应用需求进行评估，明确外部服务支持的范围与内容。分析企业自身能力、建设情况与技术短板，对照变革规划与发展目标，判明需要外部服务的业务领域与工作环节。

（2）查找集成服务商。全面调研和甄别潜在的集成服务商，考察服务商的经验与案例、技术实力、资源整合能力与合作机制等，选择服务品类完整、实力较强与可信度较高的集成服务商。

（3）确定合作模式。与集成服务商协商，确定最佳合作与服务模式。可采取外包、委托开发、合资合作与战略合作等模式，具体取决于服务领域、资源投入与管理要求。需要综合平衡控制力与灵活性。

（4）明确任务分工。与集成服务商明确双方在整个服务过程中的职责分工与工作任务。就服务内容、服务方式、资源投入、进度管理、质量标准与绩效考核等方面进行协商，制定任务书与责任清单，为后续管理与评价提供依据。

（5）加强合作管理。建立管理机制，督促集成服务商工作进展。指定管理团队，就关键节点与重大问题进行沟通，实施过程管控与结果检验，并给予必要的技术管理支持。同时，进行定期评估，并根据评估结果决定后续服务的调整或终止。

6. 完善数实融合的支持政策

完善数实融合的支持政策，是推动产业变革的重要举措。只有政策供给能够满足数字变革的需求，并给予及时调整与优化，才能真正发挥政策的引导作用，推动产业数实融合取得实质性进展。

（1）研究政策需求。要研究数字技术应用和产业变革过程中政策供给与需求之间的矛盾，要广泛收集企事业单位与产业对相关政策的需求，分析现有政策的局限与不足，找到可优化空间，为政策制定提供客观基础。

（2）出台数字技术政策。要出台鼓励企业数字技术应用与自主创新的相关政策，制定关于税收优惠、研发补贴、政府采购等政策，在国家产业政策、地方产业政策与部门创新政策层面给予政策倾斜与扶持。

（3）完善人才政策。要出台能够吸引、支持与留住数字技术人才的政策。可以在税收、社会保障、住房公积金、子女教育等方面给予人才优惠，营造人才成长与发展的环境。

（4）优化市场准入。要放宽与数字技术相关的市场准入条件。简化审批流程，降低准入门槛，为新技术企业与业态放宽市场准入限制，培育市场活力与创新力。

（5）强化知识产权保护。要出台严格的知识产权保护与执法政策。加大对侵犯知识产权行为的惩处力度，保护企业数字技术创新与应用中产生的知识成果，为创新活动营造良好环境。

大力发展高效协同的数字政务

《规划》将"政务数字化智能化水平明显提升"作为到 2025 年数字中国建设的目标之一，明确提出要"发展高效协同的数字政务"，为进一步推进数字政府建设指明了方向。

发展高效协同的数字政务，对于优化公共服务供给、创新市场监管和社会治理方式、推进国家治理体系和治理能力现代化，都具有重大而深远的意义。

1. 数字政府建设

数字政务是数字政府的运行形态。数字政府以新一代信息技术为支撑，通过重塑政务信息化管理、业务技术架构，构建大数据驱动的政务新机制、新平台、新渠道，全面提升政府在经济调节、市场监管、社会治理、公共服务、生态环境等领域的履职能力，形成现代化治理模式。这是一项长期性、持续性、系统性的工程。为了提高数字政府建设质量，需要准确把握数字政府建设的特征和规律，加强顶层设计、数据驱动、业务协同，推动整体创新、整体智治、整体集成。

首先，建设数字政府需要理念、制度、技术、服务和安全等的全面创新，强化顶层设计，构建上下联动、纵横协同、条块结合的数字政府创新发展格局，以数字技术创新推动流程再造、规则重构、方式重塑，并创新建设涵盖基础设施、数字技术、数据要素、业务应用的安全保障体系。

其次，建设数字政府需要业务数据化和数据业务化融合互促。因其具有全层级、全流程、全场景、全环节和全系统的整体智治特征，因此需要把握宏观与微观治理一体化、纵向与横向治理一体化、分层与协同治理一体化等要求，强化整体性数字制度规则建设；把握治理主体数字化、治理工具数字化、治理模型数字化、治理资源数字化和治理对象数字化等要求，强化整体性数字基础设施建设；把握系统治理、依法治理、综合治理和源头治理等要求，强化整体性数字技术系统建设。

最后，建设数字政府需要业务应用体系与管理服务体系融合叠加。因其具有协同融合、相互渗透、交叉重组和融为一体的整体集成特征，因此需要注重标准体系、技术体系、工程体系、产业体系和制度体系的整体集成，促进服务供给与社会需求协同融合；注重在重大项目、重大枢纽、重大平台和重大应用方面的整体集成，促进基础支撑与共性应用协同融合；注重组织领导、建设管理、考核评估、示范试点和标准规范的整体集成，促进运转机制与业务应用协同融合。

2. 数字政务的制度建设

在发展高效协同的数字政务过程中，加强制度建设至关重要，主要包括加快制度规则创新、完善与数字政务建设相适应的规章制度两个方面。

在加快制度规则创新方面，可以研究新技术对政务流程与服务模式的影响，提出制度创新方案。如研究移动互联网对政务服务的影响，提出应用"互联网＋"理念进行制度创新；优化审批流程，减少审批环节与时间，识别低效环节，简化或取消不必要的审批流程，促进政务高效协同；提高政务信息共享水平，实施一件事联办、跨部门协同，研究信息隔离与交换的障碍，修订信息保密与安全制度，制定信息开放与共享新制度；探索政务服务全流程管理新机制，实现跨部门统筹和"一站式"服务，协调跨部门间在服务内容、进度与效果上的协同，制定相应的管理协调机制与考核制度。

在完善与数字政务建设相适应的规章制度方面，可以推进电子政务标准与规范建设，研究新技术在政务应用中的标准需求，制定政务信息化建设与服务标准，推进标准化系统与应用；加强数字资源与平台管理，制定网络安全、数据资源保护、数据开放与共享等相关制度，确保数字平台与资源得到有效管理与利用；创新人才培养与考核机制，根据数字政务发展需求，研究人才培养模式与考核方式，制定数字政务人才引进、培养、职业发展等相关制度；完善政务数字化预算管理机制，制定政务信息化项目立项与资金使用的标准规范，确保资金的高效使用与项目的协调推进。

3. 数字政务的能力建设

在发展高效协同的数字政务过程中，加强能力建设也至关重要，主要包括信息系统网络互联互通、数据按需共享和业务高效协同三个方面。

在信息系统网络互联互通方面，要推进政务信息系统联通，研究各部门信息系统的互联互通障碍，采取技术或制度创新方式实现系统的开放对接和资源共享；建立统一的数字政务平台，整合各部门现有的信息系统与资源，构建覆盖全政务范围的数字平台，实现政务信息和服务的一体化发布与运营；推进政务网络一体化，统筹各部门专网和办公网络，实现网络资源的整合与重组，构建政务统一专网，保障网络安全与信息传输；建立信息资源目录与发布机制，对全政务范围的信息资源进行统一分类整理，实现政务信息资源的集中管理与按需调用。

在数据按需共享方面，加强大数据收集，对数据的来源、范围和种类需要进行收集分析，以改变传统的工作方式，并采用不同的数据源和方法，建立收集制度和分类管理系统，确保数据的真实可靠并不断更新；建立数据资源目录，对全政务范围的数据清查归类，制定数据命名与分类标准，构建政务数据资源目录；推进重要数据集中管理，对重要政务数据资源实施集中存储与管理，统一数据接入标准与接口，实现数据跨部门和跨地区的连接与调用；完善数据开放和共享制度，制定政务数据安全保护、信息隔离与共享、数据商业化开放等相关政策，在保障数据安全的前提下，最大限度地实现数据的共享与开放；建立政务数据平台，通过将政府内部和公众采集的信息进行对比分析，建立一个社会各层次人员都可以参与的信息数据库，构建覆盖全政务的数据接收、存储、管理与服务的基础设施，实现跨部门和跨地区的数据聚合、关联与精准推送。最后，建立保护数据的系统。建立安全体系，确保政务数据安全。对于相关数据，需要进行风险评估并采取相应的信息保障措施，以防止黑客等攻击。制定相应的网络法律，并建立一个专门监管网络犯罪的部门，以保障实施此项工作时大量数据的安全。

在业务高效协同方面，要进行政务服务重构与流程优化，实现跨部门和跨地区的业务协同，提高政务服务效率。这要求加强制度创新与能力建设，促进人员行为方式变革，实现政务管理者和服务者的协同意识与协作行动，从而形成合力，共同推动数字政务规划落地见效。

4. 数字政务的服务水平提升

根据国家互联网信息办公室发布的《数字中国发展报告（2022年）》，我国政务服务的数字化协同效能大幅提升，是全球上升速度最快的国家之一。全国一体化政务服务平台用户数超过10亿人，实现了1万多项高频应用的标准化服务，许多高频政务服务实现了"一网通办""跨省通办"。

在推进"一件事一次办"方面，要优化政务服务流程，减少冗余审批与报批环节，实现跨部门业务协同，不因行政区域而中断服务；整合线上线下服务渠道，实现全渠道统一受理与办理，提高服务便捷性；推进重要民生服务项目移动化，开发政务服务App与小程序，提供移动终端上门服务等，实现政务服务的无缝连接；加强数据共享协同，实现与第三方数据的协同与对接，不因信息不足而拒绝办理或提高服务成本。

在推进线上线下融合方面，要在政务服务大厅设置自助服务终端，实现更多服务项目的自助办理；推进视频会商和远程会商，减少申请人跨地域办理次数；移动政务服务下乡，通过移动数字化服务车等形式，为偏远地区群众提供门槛低的便捷服务；运用人工智能和虚拟现实技术，开发智能问答和虚拟接待系统，实现高效便捷的线上咨询服务。

在加强和规范政务移动互联网应用程序管理方面，要制定政务服务App与小程序建设标准，明确技术框架、功能模块、运营服务等的要求；加强对政务服务App与小程序的安全审核，防范信息安全风险；研究政务服务App与小程序的数据接口开放与调用机制，促进跨部门和地区的数据共享；探索建立政务服务App与小程序评价机制，开展用户体验与评价，并对其进行不断优化和完善；加强政务服务App与小程序内容监管，防止出现违法违规信息。

数字技术提高了政务服务的效率。检察机关积极探索构建多元联动司法救助数据模型，实现了救助线索由人工摸排向智能筛查的转变，案件受理由个案申请向类案推送的转变。同时，基于大数据研判，积极推动司法救助与社会救助的衔接，破解了司法救助线索发现难、救助渠道单一、救助标准不统一等问题。

数字技术提升了政务服务的智能化水平。新的服务模式如"秒批""不见面审批""千人千面""掌上办事"等已上线，实现了政务服务的精准直达和智能便捷。人工智能、大数据等数字技术也让政务服务逐步实现了"事前服务""免申即享""主动推送"。据相关数据显示，截止2022年底，全国电子社保卡领用人数已达到7.15亿人，各类人社线上服务渠道提供服务近141亿人次。

数字技术提升了政务服务的普惠化水平。我国地市级、县级远程医疗服务已经实现全覆盖，2022年共开展了超过2670万人次的远程医疗服务。国家智慧教育公共服务平台已正式开通，我国已建成全球最大的教育教学资源库。另外，数字技术也扩大了退休养老、健康医疗、教育培训等公共服务的覆盖范围，打破了传统政务服务的地域界限，让公共服务更加普惠和便捷。

着力打造自信繁荣的数字文化

《规划》要求，推进数字技术与经济、政治、文化、社会、生态文明建设"五位一体"深度融合，"打造自信繁荣的数字文化"。大数据、云计算、人工智能等新技术为文化创新发展提供了技术支撑和广阔舞台，因此要顺应数字产业化和产业数字化发展趋势，更好地促进数字技术和文化的深度融合，以新技术、新手段、新模式激活文化资源，着力打造自信繁荣的数字文化，推动数字文化建设跃上新台阶。

1. 加强网络文化建设

加强网络文化建设，需要联动内容生产者、传播平台与广大网民，采取资金扶持、技术引导与监管措施，推动生产和传播积极健康的网络文化产品，满足人们日益增长的精神文化需求，构建网络空间清朗氛围。

在加强优质网络文化产品供给方面，政府要加大对优质网络文化产品和节目的扶持力度，鼓励企业和机构投入更多资源创作生产优质的网络文化产品；投入财政资金设立网络文化产品创意与精品专项，鼓励原创性网络文化作品的研发与创作；建立网络文化产品质量评价标准与体系，开展内容质量评估，给予高质量内容更多的流量保障和推荐机会；加大对优秀网络文化创意的发掘，组织和开展网络文化创意大赛与评选活动，有利于发现优秀原创作品与人才。

在引导网络文化平台和广大网民创作生产积极健康、向上向善的网络文化产品方面，要加强对网络文化生产的内容审核和监管，制止不良信息的传播；运用技术手段分析平台内容的生产与传播情况，对优质内容进行推荐与传播，减少负面内容的传播机会；开展网络文化产品创作主体培训，组织网民开展创意与技能比拼活动，引导网民创作积极向上的内容；鼓励网络平台采取技术创新，推出尊重知识产权、推崇正能量的机制与产品；加强新媒体矩阵建设，满足人们多样化的精神文化需求。

2. 加强文化数字化建设

加强文化数字化建设需要采取顶层设计，要制定全面系统的发展战略与规划。具体实施路径是，加快文化资源数字化整合，建立文化大数据体系与知识服务体系，形成中华文化数据库，实现国家文化软实力的提高和产业竞争优势的打造。

实施国家文化数字化战略。要制定全面系统的文化数字化规划，明确时间表、路线图与政策措施，加快文化遗产数字化步伐，建立文化遗产三维数字化创建与展示体系；要推进博物馆数字化，加强展品三维立体扫描与数字化呈现，建立开放共享的数字文化遗产资源平台。

建设国家文化大数据体系。要构建覆盖文化生产、传播、消费及相关产业的大数据平台，实施文化创意与产业大数据监测分析策略；加强广播影视文化消费大数据的监测，优化媒体生态与产业布局；建立文化企业与产业发展大数据平台，监测企业发展与产业变化，为决策提供数据支持。

形成中华文化数据库。要整合现有文化资源，对重点文化进行数字化升级，建设一体化的中华文化平台和知识服务平台；构建古籍数字资源库，实现国家珍稀古籍的智能识别与在线检索；加快知识产权数字化步伐，建立涵盖古今的图书与期刊的全网络知识服务平台；推进多语种中华文化知识图谱和百科全书的数字化建设。

3. 提升数字文化服务能力

提升数字文化服务能力需要深化文化供给侧结构性改革，打造新型文化发展模式，推进数字技术与文化的深度融合，培育数字化文化产品与服务，拓展新型文化消费场景，满足人们日益增长的精神文化需求。主要包括打造综合性数字文化展示平台和加快发展新型文化企业、文化业态、文化消费模式两个方面。

在打造综合性数字文化展示平台方面，要建设国家级数字文化展示与交流平台，展示中华文化积淀，传播优秀网络文化产品；支持地方打造区域性数字文化展示平台，展示区域文化特色与产业发展情况；鼓励重点行业协会、院校打造专业性数字文化展示平台，聚焦专业领域的文化展示和交流；推动博物馆、图书馆等文化机构建设数字文化展厅，丰富线上线下互动体验。

在加快发展新型文化企业、文化业态、文化消费模式方面，要鼓励发展移动互联网文化企业，支持新媒体与短视频平台发展；支持发展云计算与大数据技术在文化产业方面的应用，培育新兴的数字科技与文化融合企业；鼓励新消费模式与新业态试点，如文化定制等新模式的探索；加强新技术如 VR/AR 在文化消费中的应用，打造沉浸式数字文化体验产品；加快发展智能家居与智慧城市建设，培育与之相适应的新型数字生活方式和文化消费模式。

构建普惠便捷的数字社会

《规划》将"数字社会精准化普惠化便捷化取得显著成效"作为 2025 年数字中国建设的目标之一，明确提出"构建普惠便捷的数字社会"，为加快数字社会建设指明了前进方向。

加快数字社会建设步伐、构建普惠便捷的数字社会，是建设数字中国的重要内容，也是推动社会主义现代化更好发展的必然要求。构建普惠便捷的数字社会，就是要实现数字公共服务普惠化、数字社会治理精准化和数字生活智能化。这需要政府、企业、社会组织等各方共同努力，加强合作和协作，共同推动数字公共服务的普及和发展。同时，需要加强相关政策和法规制定，加强监管和管理，确保数字公共服务的安全和可持续发展。

1. 数字公共服务普惠化

数字公共服务普惠化是构建普惠便捷的数字社会的重要方面，需要在教育、健康、就业、养老等领域不断推进数字化和智能化，为人民群众提供更加优质、高效、便捷的公共服务。

数字教育是数字公共服务的重要组成部分，对培养大批创新人才、支撑实施科教兴国战略具有关键意义，需要政策引领、平台升级、示范带动，包括打造教育高质量发展数字基座、优化平台优质资源供给和服务模式、探索数字化条件下新型教育教学模式、强化数据在教育治理中的关键作用、全面提高师生数字素养与技能等。国家智慧教育平台是数字教育的核心基础设施，聚焦学生学习、教师教学、学校治理、赋能社会、教育创新等五大核心功能，提升在线教育支撑服务能力，推进教育新型基础设施建设，积极探索试点教育数字化转型应用场景，提升师生数字素养与技能。健全教育信息化标准规范体系，制定管理规范和行业标准。发起"智慧教育示范区""人工智能助推教师队伍建设试点区""高校虚拟教研室"等系列试点示范，突破教育数字化转型难点。

数字健康是利用数字技术和互联网技术，对健康信息进行管理、传递、共享和分析，促进个人健康管理和医疗卫生服务水平的提高。为了实现数字健康的普及和便捷，需要建设数字健康信息平台，推广健康管理App和智能穿戴设备，推广远程医疗和互联网医院，加强个人健康数据安全保护。数字医疗是数字健康发展的重要组成部分，为了规范互联网诊疗和互联网医院的发展，需制定相关政策和法规，对服务范围、医疗安全、服务质量等进行规范要求，并加强相关监督管理。推广在线问诊和远程医疗，提高医疗服务效率和便捷性。加强医生专业培训和数字素养提升，提高互联网诊疗水平。

　　数字就业伴随数字经济开始蓬勃发展。2022 年版《中华人民共和国职业分类大典》新增标识的 97 个数字职业。就业事关百姓生计和全国经济发展，数字就业创造了基数庞大的工作岗位，其中，以微信、抖音、京东、淘宝、拼多多、美团等为代表的网络平台，在 2023 年为约 30% 的中国适龄劳动人口提供就业机会。引导平台企业充分发挥对数字就业的积极作用，并通过在线职业教育提高劳动者的技能水平及其对快速变化的新技术的适应力。突破就业认知框架，大力发展数字就业形态，完善适应数字就业需求的劳动者权益保障体系，支持和规范发展新就业形态，放宽灵活就业人员参保条件。完善数字就业公共服务体系，建立适合数字就业劳动者的职业技能培训模式，优化数字就业职业培训的补贴申领和发放，鼓励人力资源服务企业以创新性的方式方法为就业者提供个性化职业介绍、职业指导培训。推进职业教育数字化转型，培养数字化复合型人才，构建以职业院校为基础、学校教育与企业培训紧密联系、政府推动与社会支持相互结合的数字技能人才培养体系。丰富教学资源，通过数字化场景案例和解决方案增加学生实际经验培训，并根据市场对数字化、智能化人才的需求，适时调整培训计划。

　　数字养老是通过物联网、云计算、大数据、人工智能等现代化信息技术，将软硬件技术产品嵌入居家养老、社区养老、机构养老等养老服务形式中，满足老年人多层次、个性化需求的一站式管理，提供高效、快捷、智能化的养老服务。要以老年人服务需求为导向，以现代信息技术为支撑，推进数字技术在养老服务领域的融合创新应用，实现居家、社区和机构养老服务工作的转型升级。运用互联网思维和扁平化管理模式，将数字化、信息化技术应用于居家、社区和机构养老服务流程管理，改进工作方式、提高工作效率、提升服务品质。要合理配置数字养老资源，降低养老成本；管理平台数据智能化，提高管理效率；入住、服务流程智能规范化，便于监督管理；护工服务流程透明化，保证服务质量；智能设备 24 小时自动看护，保障养老安全；移动端随时查看，确保家属放心。

2. 数字社会治理精准化

数字社会治理精准化是构建普惠便捷的数字社会的重要议题之一。它包括五大基本方向，即"建设立体化智能化社会治安防控体系、打造一体化智慧化公共安全体系、打造平战结合的应急信息化体系、创新基层社会治理、推进新型智慧城市高质量发展"。同时又分为两个维度，即日常性突发性构成的时间维度和城市乡村构成的空间维度。数字社会治理要提高对突发事件的响应和处置能力，以及多部门协同应急监测预警和反应能力。要保证对社会治理运行状态的准确把握，建设基层智慧治理体系。"统筹城乡区域发展，深化区域信息化一体化发展"。以城市为中心枢纽，实现区域和城乡的联动治理。围绕公共交通、快递物流、就诊就学、生态环保、证照管理、公共安全、应急管理等重点领域，推动智慧应用区域协同联动，促进区域信息化协调发展。打造智慧社区，"构建网格化管理、精细化服务、信息化支撑、开放共享的基层治理平台"。其中，实现数字乡村发展行动和数字化赋能乡村产业发展、乡村建设和乡村治理是城乡数字治理的关键一环。在推进乡村信息化和数字化建设中，提高乡村经济的发展水平和乡村治理的现代化水平，要加强乡村基础设施建设、数字化农业和智慧农村建设、数字化乡村旅游和智慧旅游建设，推进数字化乡村教育和数字化乡村医疗、数字化乡村金融服务、数字化乡村治理和社区治理。

3. 数字生活智能化

数字生活智能化是构建普惠便捷的数字社会的重要议题之一。其中，打造智慧便民生活圈、新型数字消费业态、面向未来的智能化沉浸式服务体验是实现数字生活智能化的关键方面。

智慧便民生活圈是数字生活智能化的重要组成部分，可以为人民群众提供更加便捷、高效、个性化的生活服务，提高人民群众的生活质量和幸福感。

具体措施包括：建设智能化社区，提供便捷的社区服务，如社区智能快递、智能停车管理等；推广数字化城市公共服务，如数字化城市公共交通、智能化垃圾分类处理等；加强数字化健康服务，如数字化医疗咨询、智能化医疗检测等；推进数字化金融服务，如智能支付、数字化信用评估等；推广智能家居，提供智能家居生活服务，如智能家电、智能家居安防等。

新型数字消费业态是数字生活智能化的一个重要方面，可以推动消费模式转型和消费升级，提高人民群众的消费体验水平。

具体措施包括：推进数字化零售，如无人售货店、智能购物等；发展数字化娱乐，如数字化游戏、虚拟现实等；推广数字化旅游，如数字化旅游景区、智能化旅游服务等；加强数字化教育，如在线教育、智能化学习等；推进数字化医疗，如远程医疗、智能化医疗服务等。

面向未来的智能化沉浸式服务体验是数字生活智能化的另一个重要方面，旨在利用数字技术和互联网技术，提供更加智能化、沉浸式的服务体验。

具体措施包括：推进增强现实和虚拟现实技术的应用，提供沉浸式体验和服务；推广人工智能技术，提供智能化、个性化的服务；加强物联网技术的应用，实现设备之间智能互联和智能控制；推进 5G 技术的应用，提供高速率、低延迟、大带宽的服务；推广智慧城市、智能家居，实现人、车、物之间的智能互联和智能化服务。

建设绿色智慧的数字生态文明

《规划》将"数字生态文明建设取得积极进展"作为 2025 年数字中国建设的重要目标，提出"建设绿色智慧的数字生态文明"，为新一代数字科技助力生态治理指明了方向。其实，建设绿色智慧的数字生态文明的关键，在于实施生态环境智慧治理：一是构建智慧高效的生态环境信息化体系；二是运用数字技术推动山水林田湖草沙一体化保护和系统治理；三是完善自然资源三维立体"一张图"和国土空间基础信息平台;四是构建以数字孪生流域为核心的智慧水利体系。

1.构建智慧高效的生态环境信息化体系

构建智慧高效的生态环境信息化体系,是实施生态环境智慧治理的重要组成部分,旨在充分利用数字技术和信息化手段,实现对生态环境的精准监测、动态评估和智能化管理,从而提高生态环境管理和保护的效率和精度,促进生态文明建设和可持续发展。

具体措施包括:建设生态环境监测网络,实现对生态环境的多维度、全时空监测和实时预警,提高生态环境监管的效率和精度;推广数字化生态环境评估,利用遥感、地理信息系统等技术,实现对生态环境质量和生态系统健康状况的精准评估,为生态环境管理和保护提供科学依据;建设数字化环境治理平台,实现对生态环境管理的全流程数字化管理和智能化决策支持,包括环境污染源监管、生态修复、环境应急等方面,提高环境治理效率和质量;推进数字化生态补偿,利用数字技术和区块链等技术,实现对生态服务的估价和补偿,鼓励生态环境保护和修复,促进生态经济发展。

2.运用数字技术推动山水林田湖草沙一体化保护和系统治理

运用数字技术推动山水林田湖草沙一体化保护和系统治理是实施生态环境智慧治理的必经之路,旨在打破传统行政区划、部门职责的壁垒,实现山水林田湖草沙的协同治理和生态保护,从而实现资源共享、智能管理,促进生态系统的健康发展和可持续利用。

具体措施包括:建立数字化山水林田湖草沙一体化保护平台,实现对山水林田湖草沙资源的共享、整合和智能化管理;推广数字化生态修复技术,如人工湿地、植被恢复、土地复垦等技术,实现对被破坏的山水林田湖草沙资源的恢复和重建,促进生态系统健康发展;建设数字化生态保护监管系统,实现对山水林田湖草沙资源的全过程监督和管理,包括资源开发、环境治理、生态保护等方面,提高资源利用效率和生态保护效果;推进数字化生态教育和宣传，通过数字技术和互联网平台，加强环境保护和生态文明建设的宣传和教育，增强公众的环境保护意识和生态文明观念。

3. 完善自然资源三维立体"一张图"和国土空间基础信息平台

完善自然资源三维立体"一张图"和国土空间基础信息平台是实施生态环境智慧治理的一个重要方面。

具体措施包括：建立自然资源三维立体"一张图"，实现对自然资源的全方位、立体化、动态化监测和管理，包括土地、水资源、森林、草原、湖泊、海洋等方面；完善国土空间基础信息平台，实现对国土空间的全方位、立体化、动态化监测和管理，包括土地利用、城市规划、交通运输、生态环境等方面；推广数字化自然资源管理，如数字化土地登记、数字化水资源管理、数字化森林资源管理等，实现自然资源的数字化管理和智能化决策支持；强化自然资源保护和修复，鼓励资源可持续利用和生态经济发展。

4. 构建以数字孪生流域为核心的智慧水利体系

构建以数字孪生流域为核心的智慧水利体系是实施生态环境智慧治理的另一个重要方面，旨在实现对流域水资源的全面管理和保护，促进水资源的可持续利用和生态文明的建设。

具体措施包括：建立数字孪生流域模型，实现对流域水循环、水文、水力等方面的数字化模拟和预测，为水资源管理和保护提供科学依据；推广数字化水资源管理，如数字化水资源调度、数字化水污染治理等，实现对水资源的数字化管理和智能化决策支持，提高水资源利用效率和水环境保护效果；建设数字化水资源监测网络，实现对流域内水资源的全方位、立体化、动态化监测和管理，包括水量、水质、水生态等方面，提高水资源管理和保护的效率和精度；推进数字化水生态修复，如湿地恢复、河流生态修复等，实现对流域内水生态系统的恢复和重建，促进流域内生态系统健康发展。

第三章
构筑数字技术创新体系，
筑牢数字安全屏障

　　构筑数字技术创新体系，筑牢数字安全屏障，需要健全关键核心技术攻关新型举国体制、加强产学研深度融合、健全知识产权转化收益分配机制、完善网络安全法律法规和政策体系、建立数据分类分级保护基础制度、健全网络数据监测预警和应急处置工作体系等六个方面工作。这些工作旨在推动数字技术的创新和应用，保障数字安全，促进数字经济和社会发展，加强网络空间治理和网络安全。

健全关键核心技术攻关新型举国体制

《规划》将"健全社会主义市场经济条件下关键核心技术攻关新型举国体制"作为建设数字中国的一项核心能力，这就需要我们深入理解、系统谋划、组织实施好社会主义市场经济条件下的新型举国体制。这对于打赢关键核心技术攻坚战、实现高水平科技自立自强具有重大战略意义。

1. 新时代新型举国体制的内涵要求

以举国体制攻克关键核心技术，是世界科技强国的通行做法。

新型举国体制的属性是"体制"，介于法制与机制之间，具有规范作用与保障功能。其关键在于"举国"，是强化党领导下的国家科技动员，综合政府、市场和社会力量，形成合力。其特点在于"新型"，即主动适应社会主义市场经济条件和新型国际关系，立足构建新发展格局与高质量发展阶段，全面推进中国式现代化的新发展阶段。

新型举国体制的实施聚焦于攻坚关键核心技术。这关系到战略机遇和体系发展，是安全必要，也是跨越落后陷阱、突破卡脖子难题的重要举措，具有特殊重要性和现实紧迫性。它关乎产业链、供应链的韧性与安全，关乎科技自立自强，是大国崛起的必由之路。

2. 着眼于深化改革创新，系统谋划新型举国体制

实现高水平科技自立自强，需要破除体制机制障碍，充分激发科技创新活力。新型举国体制立足国家战略需求，以制度创新释放发展潜力，确保关键核心技术攻关成功。当前，科技体制改革稳步推进，新型举国体制的健全是其重点任务。

新型举国体制建设要以改革开放的精神去统筹多种关系：

（1）政府与市场关系。在市场失灵时，政府要发挥好作用，实现敏捷高效治理；在市场有效时，政府要尊重市场规律，发挥市场决定性作用，实现政府有为而不僵化，有度而不失序。

（2）中央与地方关系。要充分调动中央和地方的积极性，加强联动配合，协调国家科技创新战略与区域发展战略，实现关键核心技术与产业空间最优布局。

（3）基础研究与应用开发关系。要紧密结合国家战略与社会发展实际，进一步加大基础研究投入力度与自主权，尊重科学自由探索精神，推动基础研究成果转化。

（4）自立自强与开放合作关系。要坚持开放互鉴，广泛学习借鉴科技强国的成功经验，立足国情融入全球创新网络，用好国际资源提高自主创新能力，积极参与全球科技治理，推动形成开放透明的技术标准和规则。

3.围绕创新攻坚，组织实施新型举国体制

关键核心技术及平台应用的普遍特征是智力密集，资源集中，技术高度集成，市场垄断，生态复杂，突破难度大。完善和加强党中央对科技工作的统一领导，发挥党的组织优势，可以转化治理效能，克服配置分散、重复低效的问题。

在总体布局上，要坚持"四个面向"全面布局。关键核心技术是国之重器，对推动我国经济高质量发展、保障国家安全具有十分重要的意义。要明确主攻方向，坚持"面向世界科技前沿、面向经济主战场、面向国家重大需求、面向人民生命健康"；要统筹基础前沿布局，开辟新赛道，部署未来技术；要统筹创新链、产业链、资金链、人才链"四链"生态，强化企业主体责任，提升创新能力；要建立优先领域筛选机制，形成系统布局。

在组织上，要注重高效整合各方力量。政府的力量体现在宏观管理、计划组织、公共服务上；市场的力量体现在配置资源、检验创新、淘汰机制

上。要发挥社会科技组织的桥梁作用，搭建交流平台；强化战略科技力量建设，提升创新体系效能；激励战略人才，做到人岗相适。形成政府、市场、社会多元主体协同发力，构建关键核心技术网络协同。

在战略层面，要着眼于教育、科技、人才联动，科技创新与制度创新相辅相成，带动全面强势升级。同时，也要统筹项目、基地、人才，实现稳定性和竞争性配置，高强度投入，催生重点突破。

在资源层面，要统筹项目资源、科技基地（平台、设施）资源和人才资源的配置，实现稳定投入与竞争性投入相结合的高强度持续投入，促进重点技术突破。

在产业层面，要推动产学研深度合作，"四链"深度融合，产业链上中下游企业、大中小企业融通创新，形成产品集成和产业集聚的局面。

在行业层面，要推动多学科交叉、科学技术和工程的深度融合，战略高技术与未来技术的衔接，科技与人文、自然科学与社会科学的有机结合。要有效集聚和整合跨学科、跨领域、跨地域的创新要素，塑造跨界融合和协同共生的生态网络，构建网络并将其成功扩展为体系，培育新型举国体制下关键核心技术的体系化创新能力。

加强企业主导的产学研深度融合

党的二十大报告明确提出，加强企业主导的产学研深度融合，强化目标导向，提高科技成果转化和产业化水平。其中，产学研深度融合，是指产业、学术界和研究机构之间紧密合作，以企业为核心，共同推动技术创新、市场应用和人才培养。这一关键举措对于优化我国科技创新体系、加快形成新的发展动力和优势具有重要意义。

在当前数字技术创新的大背景下，加强企业主导的产学研融合需要营造良好生态，实施政策扶持，鼓励企业技术创新与人才投入，支持产学研合作项目开展，加快技术转移、成果转化等，这样才能不断壮大国内关键核心技术和产业发展的实力，增强数字经济核心竞争力。

1. 鼓励企业以需求牵引技术创新

鼓励企业以需求牵引技术创新，要发挥政府引导作用，帮助企业加强自主创新能力，明确技术发展路线，与高校、科研机构开展深度合作，形成以企业需求为导向的产学研技术创新生态体系。

支持企业建立技术创新机制。政府要帮助企业建立健全技术创新管理体制和机制，如科技项目选题机制、成果评价机制、人才激励机制等，推动企业内部形成技术创新的环境氛围和工作运转机制。

帮助企业进行技术战略和路线图制定。政府相关部门要加强对企业发展战略和技术需求的跟踪研究，帮助企业制定长期的技术创新战略和产品路线图，明确企业关键技术创新方向和重点投入领域。

鼓励和支持企业牵头产学研合作。政府要在科技项目组织、资金立项等方面给予企业更多自主权，鼓励和支持企业跟高校、科研院所开展深入的合作，牵头研究方向与内容，促进产学研深度融合创新。

促进需求对接和项目立项。政府要建立技术供需对接平台，汇集企业技术需求与高校、科研院所研发潜力，助推产学研项目立项，促进双方对接合作，实现企业需求导向的技术创新。

鼓励企业加大研发投入力度。政府可以给予研发费用税收减免、财政补贴等优惠政策，引导企业加大研发投入力度，通过自主研发或与高校、科研院所合作的方式开展技术创新活动。

2. 推动产学研项目合作

推动产学研项目合作需要政府制定相关扶持政策，鼓励并推动企业、高校与科研机构开展多样式合作，实现资源共享、优势互补，促进研发方向对接与项目研究，加快研究成果转化，提高数字技术创新的产出效益。

鼓励共建实验室。政府要支持企业与高校、科研院所共建开放实验室，合作开展技术研究，实现资源共享与优势互补。

支持人才交叉培养。政府要鼓励企业与高校合作开展人才培养，支持企业提供实习实践机会，高校导师进驻企业指导，以需求和项目来驱动人才培养。

统筹项目研发方向。政府要加强对高校与科研院所研发方向的宏观指导，鼓励机构开展与企业技术需求和产业发展密切相关的研究工作，促进研究方向与产业需求有效对接。

加大项目立项与资助力度。政府要将产学研项目列为科技资助重点，增加对产学研合作项目的资助比例，优先支持企业牵头的产学研项目申请，鼓励更多企业加入项目研究。

简化项目组织流程。政府要简化产学研项目申报、评审、立项的流程，提高工作效率，降低企业参与门槛，为产学研合作创造便利条件。

加强知识产权共享。政府要出台相关政策，在保护知识产权的同时，鼓励企业、高校与科研院所开展知识产权协同创造与共享，促成产学研合作成果的转化与应用。

3. 建立技术转移体系

建立技术转移体系需要政府加强顶层设计，提供系统化服务，完善政策供给，鼓励和推动高校、科研机构把握技术机遇，加速技术成果转化，壮大初创高新技术企业规模，不断提高产业核心竞争力与发展活力。

制定技术转移管理制度。政府要出台技术转移管理办法，明确高校、科研院所研发成果的归属，制定相关政策保障技术成果的有序转移与应用。

建立科技成果交易市场。政府要建立科技成果交易竞价上市的市场平台，为科研机构技术成果的转让与企业应用提供便利条件，实现技术供需的有效对接。

设立技术转化基金。政府要设立科技成果转化基金，对高校与科研院所的技术成果进行投融资，帮助企业加快技术转移转化步伐，推动更多研究成果实现产业化应用。

提供技术孵化服务。政府要建立技术孵化体系，为高校与科研院所提供技术项目孵化服务，包括知识产权申请、项目评估、企业培育、市场营销等全过程服务，促进更多初创技术企业的发展壮大。

实施技术创新链条管理。政府部门要加强技术创新全链条管理，统筹科技创新各环节，从项目申报、立项到技术研发、成果产出、转化应用都要形成工作联动机制，提高研发资源利用效率和项目研究产出比例。

完善相关政策体系。政府要出台更加完善的高新技术企业认定、税收优惠、知识产权保护、人才引进等相关政策，为技术转移转化创造有利环境，激发市场活力和社会创新潜力。

4. 强化知识产权保护

强化知识产权保护是数字经济核心竞争力的基石，需要政府提供政策支持与服务保障，鼓励企业、高校与科研机构开展知识产权协同创造与应用，增强社会知识产权意识，形成产学研各方共同维护知识产权成果的强大合力。只有建立健全知识产权保护体系，才能真正激发市场与社会的创新活力。

建立知识产权管理大数据中心。要建立知识产权管理大数据中心，汇集知识产权申请与授权信息，为企业和研究机构提供专利检索、分析与应用等知识产权服务。

加强知识产权的申请与保护。政府要加大对知识产权申请与保护的支持力度，简化申请流程，加快审批进度，对重点领域和关键技术的知识产权给予优先保护。

加大知识产权诉讼保障。要完善知识产权诉讼制度，加大对知识产权侵权行为的惩治力度，增强知识产权的法律保障，为企业和研究机构创新成果的市场化应用创造良好环境。

鼓励知识产权联合申请。要鼓励企业与高校、科研院所开展知识产权协同创造，通过联合申请专利等方式共享知识产权，达到优势互补，实现共赢发展。

增强知识产权保护意识。各级政府部门和社会组织要加强对知识产权的保护和宣传，让全社会了解知识产权的重要性，增强保护意识，营造尊重知识产权成果的环境氛围。

健全知识产权激励机制。要在高校、科研院所建立健全知识产权激励机制，通过分成、奖励等方式激励科技人员的知识产权创造与应用，把握技术机遇，促进成果转化。

5. 加大科技人才投入力度

人才是推动科技创新的第一资源，加强人才工作与产学研深度融合，需要政府采取一系列措施，扩大人才培养规模，拓展人才交流渠道，建立产学研人才培养协同机制，完善人才政策体系，为产学研合作提供人才和政策双重保障。这是加快技术创新的当务之急。

扩大人才培养规模。政府要加大高校培养力度，扩招理工类专业本科生和研究生，壮大高端技术人才队伍，为产学研合作提供人才支撑。

鼓励人才交叉培养。要支持企业与高校合作开展人才培养计划，鼓励研究生到企业实习和导师进驻企业指导，实现人才培养与产业需求的有机结合。

加大人才引进力度。要实施高层次人才引进计划，引进海外高端技术人才，打造国际科技人才交流平台，鼓励海内外高端人才到企业工作或创业。

完善人才培养机制。要建立产学研人才培养协同机制，研究生可以在企业和高校之间双向选择导师，实现跨界培养和交叉培养，培养符合产业需求的复合型人才。

设立科技人才基金。要建立国家和地方科技人才基金，对产学研合作中的优秀人才和项目组给予资助，发挥人才资助的引导作用，激发人才创新活力。

完善人才政策体系。要实现人才跨行业、跨地区流动，出台适当的人才流动政策和机制，营造良好的科技环境氛围，激发人才创新活力，为产学研人才交流合作提供政策保障。

健全知识产权转化收益分配机制

推进知识产权权益分配改革是激发知识产权转移转化内生动力的重要方式，也是"十四五"时期深化知识产权领域改革创新的重要方面。《规划》将这项改革作为知识产权转移转化工作的重点。

知识产权收益分配是影响技术成果转化的一个重要因素，但目前我国在科技成果转化过程中，收益分配政策方面存在一些不完善之处。如知识产权归属不明确、知识产权转化收益共享机制不健全、知识产权转化激励机制不完善、知识产权金融服务体系不健全、知识产权交易规则不完善等。因此，要采取针对性措施以应对上述情况。

1. 明确知识产权归属

明确知识产权归属是实现知识产权价值的前提。高校和科研院所要加强知识产权管理，选择适当的转化路径，提供配套服务，激励知识产权相关人员，关注初创企业，各机构密切合作，共同推进知识产权的转化与价值实现。只有让知识产权的创造者和应用者共享转化收益，才能真正释放知识产权红利。

制定知识产权管理制度。高校和科研院所要制定知识产权管理办法，明确各类研发成果的知识产权归属，在保护研究人员权益的同时，也要统筹考虑机构利益和社会效益。

建立知识产权评价体系。要对研发成果的知识产权价值进行评估，为其后续的应用和转化提供依据。评价要考虑技术的先进性、应用潜力以及产业化前景等多方面因素。

完善知识产权激励机制。要建立知识产权创造者的激励机制，如专利转让分成、技术股权分红等，让知识产权创造者能共享技术成果带来的经济效益，激发研究人员的积极性。

探索多种转化路径。对不同类型的知识产权，要选择适宜的转化路径。除专利许可和技术转让外，还可以考虑的路径有共建研发中心、技术入股等。

鼓励配套服务业发展。要鼓励各类中介服务机构发展，如知识产权评估机构、知识产权金融机构、技术中介机构等。中介机构能够为知识产权创造者和应用者提供专业化服务，有利于知识产权的有效转化。

加强对初创企业的关注。高校和科研院所要加强对依托自身知识产权发展的初创企业的关注与支持，帮助企业解决技术、市场、人才和资金等方面的困难，共同促进知识产权的产业转化。

2. 建立知识产权转化收益共享机制

建立知识产权转化收益共享机制是确保知识产权实现价值最大化的关键。建立该机制需要产学研密切沟通合作，选择适当的方式共同产业化，培养利益共同体意识，并完善相关政策保障，只有这样才能实现知识产权的价值最大化与共赢发展。

签订知识产权协议。高校、科研院所与企业要签订专利实施许可协议、技术转让协议等，明确双方在知识产权运用及收益分配中的权利与义务。协议在保护知识产权的同时，也要照顾各方的利益。

选择灵活的收益分配方式。收益分配方式可以选择专利许可费、技术服务费、企业股权等形式或组合形式。要根据知识产权的特点与企业需求，选择最灵活互利的方式。

实行动态调整机制。知识产权协议期限一般较长，要建立协议内容调整机制，根据市场与技术变化情况，调整收益分配的比例和方式，最大限度地发挥知识产权的价值。

共同投入产业化进程。高校、科研院所不仅要进行技术转移，还应共同投入产业化进程，如共同出资组建公司、成立产学研联合中心等。只有投入和参与，高校、科研院所才能在产业化中收获更大。

培养利益共同体意识。高校、科研院所与企业要把知识产权视为共同利益，通过利益共同体来推动知识产权的转化与产业化。而且，要超越单一的买卖关系，形成长期、稳定的合作伙伴关系。

出台相关政策体系。政府要出台更加完善的知识产权管理政策、技术转移政策和收益分配政策。要简化相关审批流程，为知识产权转化创造便利条件，并在税收、财政等方面给予必要支持。

3. 健全知识产权转化激励机制

健全知识产权转化激励机制是促进知识产权发挥最大价值的重要举措。健全该机制需要对知识产权创造者、应用者、服务商和资本等给予政策倾斜和支持。各类主体只有在知识产权运用中获得实实在在的收益回报，才能激发其积极性，推动知识产权不断创造、转化、产业化，不断释放红利。这需要政府采取系列激励政策，引导社会资源向知识产权领域聚集。

建立知识产权创造者激励机制。如专利转让费用分成、知识产权出价收益分红、科研项目激励资助等，让知识产权创造者共享转化收益，以激发研究人员的积极性。

建立技术应用企业激励机制。要给予采用知识产权技术的企业税收减免、研发费用加计扣除、财政补贴等优惠政策，鼓励企业投入知识产权产业化，激发企业技术创新动力。

对重点领域知识产权给予奖励。要对国家重点产业领域的知识产权，如关键核心技术、新兴产业等，给予额外奖励政策和资金支持，鼓励更多的高校与科研院所投入知识产权创造。

建立知识产权中介机构激励机制。要给予知识产权评估机构、知识产权交易机构、技术转移机构等政策支持和税收优惠，鼓励其发展壮大，为知识产权的创造和转化提供专业服务。

实施知识产权人才优先发展战略。要加大对知识产权专业人才的培养力度，并给予知识产权人才在职业发展、政策及薪酬等方面的倾斜性政策，以吸引和稳定人才资源。

建立知识产权金融激励机制。要对投融资知识产权项目的金融机构，给予利率优惠及风险补偿等优惠政策，鼓励金融机构积极开展知识产权投融资业务，为知识产权转化提供必要的资金支持。

4. 健全知识产权金融服务体系

健全知识产权金融服务体系是实现知识产权价值的重要保障。该体系需要政府采取系列措施推动知识产权融资方式创新，发展相关金融机构与人才，完善规章制度，给予政策支持。只有解决知识产权企业融资难题，才能真正激发市场对知识产权的投资热情，实现知识产权价值的最大化释放。这需要政府与金融机构密切合作，共同培育知识产权金融生态。

发展知识产权质押贷款。要指导商业银行开展知识产权质押贷款业务，开拓新型贷款方式，利用知识产权这一无形资产获得融资，解决知识产权企业融资难题。

发展知识产权信托融资。要发展知识产权收益权信托、知识产权资产证券化等新型融资方式，通过资本市场为知识产权企业融资，推动知识产权价值最大化的实现。

设立知识产权风险投资基金。要通过政府引导基金与社会资本合作，共同设立知识产权风险投资基金，为知识产权企业提供风险投资，帮助企业解决创业期的资金短缺问题。

强化知识产权金融人才培养。要加强对知识产权金融人才的培养，开展知识产权金融专业学习和培训，提高金融机构业务人员对知识产权运作的了解，增强其判断知识产权价值的能力。

出台相关政策支持。政府要推出知识产权金融相关政策，如知识产权质押税收政策、知识产权资产证券化财政支持政策等，鼓励更多金融机构开展知识产权业务，为知识产权企业提供多元化的金融服务。

5. 完善知识产权交易规则

完善知识产权交易规则对于推动知识产权市场化具有重要意义。完善知识产权交易规则需要统一标准，发展市场平台，提供税收优惠，建立质量信用体系，清理无效权利，健全纠纷解决机制，加强人才培养等。只有通过制度创新，营造规范透明的交易环境，才能真正激活知识产权市场，实现知识产权资产的流动与价值实现。

制定统一的知识产权转让准则。要制定知识产权转让的标准流程和格式，包括权属证明、技术评估、价格评估、合同签订等环节，使知识产权转让程序标准化和规范化。

建立知识产权市场交易机制。要发展知识产权交易所等市场化交易平台，提供在线挂牌、拍卖、竞争性协商等多种交易方式，促进知识产权公开市场化交易。

制定知识产权交易税收优惠政策。要对知识产权交易收入及交易环节减免相关税费，降低交易成本，鼓励知识产权权利人通过市场化手段实现价值。

构建知识产权质量信用体系。要建立知识产权评估体系和质量信用体系，对知识产权资产的技术水平、法律效力和经济价值等进行评估，为交易各方提供价值判断依据。

加强知识产权清理工作。要积极开展无效知识产权注销工作，同时，鼓励权利人主动放弃无应用价值的知识产权，清理知识产权环境，为高质量资产交易创造条件。

健全知识产权交易纠纷解决机制。要建立知识产权交易纠纷快速解决机制，制定知识产权仲裁规则，引入专业机构解决知识产权交易纠纷，维护交易各方的合法权益。

加强对知识产权交易人才的培养。要加强对知识产权交易、评估与法律等方面人才的培养，提供与知识产权交易相关专业的学习与培训，使相关人才能在市场发挥重要作用。

完善网络安全法律法规和政策体系

《规划》将"完善网络安全法律法规和政策体系"作为强化数字中国"两大"能力的关键步骤，可见其重要性。完善网络安全法律法规和政策体系需要统一法律规范，优化管理体制，制定技术标准，健全监管制度，强化打击犯罪，加强社会宣传等。只有通过制度创新和法治保障，构建系统完备的网络安全政策体系，才能为网络系统提供安全可靠的法治环境和技术支撑。

1. 制定统一的网络安全法

制定统一的网络安全法是完善网络安全法律法规的重中之重。这需要全面系统考虑，既要确定基本原则和工作机制，针对不同网络空间制定相应管控措施，也要建立健全网络安全监管体系，加大网络违法犯罪惩治力度。只有通过整体设计与规划，才能真正实现网络安全法治，为提升网络空间治理能力提供法治保障。

明确网络安全的基本原则。如网络安全主体责任原则、必要性原则、比例原则、军民融合原则等，为网络空间治理提供遵循和方向。

确定网络安全工作机制。要明确网络安全工作由谁来负责、应采取什么措施，以及相关主体之间应建立什么样的合作机制等，以此提供网络安全工作的顶层设计和基本框架。

划分网络安全管理区域。要对网络进行分类管理，对关键信息基础设施、政府网络、企业网络等进行分区管理，并要求制定相应的安全保护措施，有利于精准施策和责任落实。

统一规范网络行为。要对网络服务提供者、网络产品提供者以及网络使用者的行为做出规范，如个人信息保护、网络产品安全性要求以及网络违法犯罪行为的处罚等，维护网络空间秩序。

加强对新技术的管控。要对人工智能、大数据、区块链等新技术提出网络安全要求和应用红线，引导新技术健康发展，规避网络安全风险。

建立网络安全监管体系。要明确网络安全监管机构，并赋予其相应的监管权限，如定期检查、事后监督、网络安全评测等，保障网络安全法等的实施。

加大网络违法犯罪惩治力度。要对网络诈骗、网络敲诈勒索等网络犯罪行为制定严厉处罚条例，并要求各相关机构配合做好网络犯罪的调查取证及处罚工作。

2. 优化网络安全管理体制

优化网络安全管理体制是完善网络安全法律法规的重要举措。这需要明晰部门职责，建立信息共享机制，加强地方和关键信息基础设施管理，提高政府网络安全保护能力，推进管理体制创新，加强网络安全管理人才建设。只有形成全面协同高效的网络安全管理格局，才能实现网络安全管控的精准有效。这需要各级政府部门密切配合，共同提高网络治理水平。

明确各部门网络安全管理责任。要将网络安全管理责任落实到相关政府部门，如公安部门负责网络违法犯罪打击，工信部门负责网络基础设施与产品安全，国家安全部门负责政府网络安全等。

建立跨部门网络安全信息共享机制。要求相关部门建立网络安全信息通报制度，形成网络安全信息收集、分析与共享的闭环，实现网络安全态势的动态感知与联动应对。

加强地方网络安全管理体制建设。要发布地方网络安全管理办法，指导地方政府建立网络安全领导机构、工作机构和联席会议制度，明确分工，加强网络安全管理与协同。

强化关键信息基础设施网络安全管理。要制定关键信息基础设施网络安全保护指南和实施方案，建立健全应急响应机制，并开展网络安全演练，提高应对网络袭击的能力。

加强政府网络安全管理。要建立政务网络安全检查制度，进行政务网络安全风险评估，并实施安全等级保护措施，增加网络安全审计跟踪机制，确保政务网络安全。

探索网络安全管理体制创新。可以参照国家网络安全总体工作机制，设立中央网络安全委员会及其办公室，统一划定网络安全管理区域，制定网络安全总体规划与政策。

加强网络安全管理人才建设。要加大网络安全管理人才培养力度，开展网络安全管理学习和培训，提高相关人员的网络安全防护与联动协作能力。

3. 制定网络安全技术标准

制定网络安全技术标准是实现网络安全管理的重要基础。这需要统一评测标准，规范操作行为，加快研制核心技术标准，强化企业标准管理，建立健全检查和监管机制，不断更新和修订现有标准。只有通过标准引领和规范网络产品、技术及运行管理，才能真正实现网络安全管控，筑牢技术层面安全屏障。这需要业界通力合作，推动标准不断细化与丰富。

统一网络安全评测标准。要制定网络产品和服务的安全性评估标准，推动依法实施网络安全等级保护制度，为不同网络区域选择匹配的安全产品提供依据。

发布网络安全操作规范。要制定网络设备配置、系统部署、软件运行、数据管理等的安全操作规范，规范网络环境建设与运行，减少管理漏洞与技术风险。

加快研制网络安全核心技术标准。要加快 IPv6、量子通信、AI 安全等网络安全核心技术标准的研制，确保我国在网络安全技术标准制定中掌握主导权，保障网络安全自主可控。

加强企业网络安全标准管理。要将网络安全技术标准纳入企业标准体系中进行管理，通过网络安全标准认证、评测等机制，督促企业严格执行相关标准和要求，确保企业网络安全。

落实网络安全标准检查机制。要建立政府网络安全技术标准检查机制，定期开展标准执行情况检查，发现存在违反标准的行为应及时制止并要求整改，保障标准落地见效。

加强标准实施过程监管。要探索通过第三方评估机构参与监督等方式，加强对标准实施过程的日常监管，及时发现并解决制度执行中存在的各种问题，确保网络安全标准落实到位。

加强标准研制和修订机制。要加强网络安全技术标准研制机构的建设，定期开展现有标准的修订和新技术领域标准的研制工作，使网络安全技术标准与技术发展同步更新。

4.健全网络安全监管制度

健全网络安全监管制度是完善网络安全管理体系的重要环节。这需要从常态监督、事故调查、等级保护、产品抽检、服务评估、项目复核等方面入手，并加强监管人才队伍建设。只有通过全方位、全过程的监督检查，才能真正规范网络环境，强化各相关主体的网络安全防范意识，最大限度地降低网络安全风险，确保网络安全稳定运行。

建立网络安全定期监督检查制度。要依法对网络产品提供者、网络服务提供者以及重要网络设施运营者等开展定期监督检查，发现网络安全隐患要及时通报并责令整改，形成治理闭环。

加强网络安全事故监督调查。发生网络安全事件或事故后,要依法对相关主体开展事故调查,查明责任方和隐患发生的原因,并要求其采取技术措施与管理措施进行整改,避免类似事件再次发生。

推行网络安全等级保护制度。要将网络安全等级保护制度纳入监管范围,对不同安全等级网络提出差异化安全要求,并定期开展监督检查,督促相关主体严格执行制度要求。

开展网络产品安全性能抽检。要随机抽取网络产品提供者的网络产品进行安全性能测试与评估,并公布测试结果,引导消费者选用安全可靠的产品,促进产业自律。

建立网络安全服务评估机制。要探索建立第三方网络安全服务评估机制,对网络安全监测、漏洞修复、安全防护等服务进行客观评估,为提高网络安全服务质量提供监管手段。

完善网络安全复核机制。对影响网络安全的重大项目要进行安全性论证与评估,在设计阶段进行复核,最大限度消除安全隐患;建成后也要定期开展安全性复查,及时发现并消除新产生的网络风险。

加强网络安全监管人才队伍建设。要加强对网络安全监管人才的培养,开展专业学习与培训,提高监管人员的网络技术与管理能力,为制度实施提供人才支撑。

5. 加大网络犯罪惩治力度

加大网络犯罪惩治力度是完善网络安全法律法规的重要内容。这需要在修法中加大处罚力度,完善立案与调查机制,加强情报共享,研判新变化,加强国际合作,加强人才建设等。只有通过严厉打击,最大限度地消除网络空间的违法犯罪活动,才能营造安全稳定的网络环境,保障国家网络空间安全和信息化建设的顺利推进。这需要政法等部门密切协作,不断增强网络犯罪破获与遏制能力。

修订相关法律,加大处罚力度。要修订《中华人民共和国网络安全法》

《中华人民共和国刑法》等，对网络诈骗、网络敲诈勒索等网络犯罪行为加大处罚力度，如增加刑期、处罚金额等，形成强大威慑。

完善网络犯罪的立案标准。要扩大立案范围，对一定规模以上的网络诈骗与网络敲诈勒索等案件实行强制立案，提高立案率与破案率。

健全网络犯罪调查机制。要建立跨区域、跨部门的网络犯罪案件联合调查机制，提高网络犯罪案件的破案能力；要加强网络取证技术的研发与应用，为案件调查提供技术支撑。

加强网络犯罪情报共享。要扩大网络犯罪情报共享范围，实现跨区域、跨部门的情报互联互通，提高网络犯罪防范与破案效率。

加强对网络犯罪新变化的研判。要加强对网络犯罪新技术、新手法的监测与研判，总结新特征，提出有针对性的治理措施与执法对策，指导各地区网络执法工作。

加强国际合作，防范跨国网络犯罪。要加强与国外执法机构在网络犯罪情报交流、案件协查及跨境调查取证等方面的合作，提高对跨国网络犯罪组织的打击能力。

加强网络警察队伍建设。要加大网络警察及网络犯罪侦查人才的招录与培养，开展专业技能学习与培训，不断提高网络执法与破案的专业水平。

6. 加强网络安全社会宣传

加强网络安全社会宣传是完善网络安全法律法规和政策体系的重要内容。这需要采取全面且系统的策略，通俗易懂地传播网络安全知识，宣传网络安全理念，开展精准人群和行业定向宣传，建立宣传机制与平台，不断唤醒社会各界对网络安全的重视，营造全社会共建网络安全的良好氛围。只有增强全社会的安全防范意识，才能在源头上减少网络风险，为网络空间安全提供基础保障。

开展网络安全知识公众教育。要将网络安全知识纳入国民教育体系，从小学、初中阶段开始开展网络安全教育，普及网络安全基本知识，养成良好的网络安全习惯。

加强网络安全理念宣传。要通过多种渠道加强网络安全理念宣传，如利用广播电视、网络平台、纸质媒介等开展理念宣传，营造全社会重视网络安全的氛围。

开展定期网络安全宣传周活动。每年定期组织"网络安全宣传周"等活动，通过线上线下结合的方式，开展全方位、多角度的网络安全宣传，不断唤醒全社会对网络安全的重视。

加强网络安全人群定向宣传。要针对青少年、企业员工、公务员等人群开展定向宣传，增强其安全防范意识，广泛传播网络安全知识，减少人为因素造成的安全隐患。

组织志愿者参与网络安全宣传。要组织网络安全志愿者开展宣传活动，利用其技术优势，采取身边化、生动化的宣传形式，强化宣传效果。

倡导行业及企业开展自律宣传。要倡议电信运营商、互联网行业及各类企业开展内部网络安全宣传，针对员工开展网络安全知识的学习与培训，建立企业网络安全文化。

建立网络安全宣传机制与平台。要建立网络安全宣传机制，提供宣传内容与方式指导；要发展网络安全宣传平台，实现宣传资源共享，方便各地区组织开展相关活动。

建立数据分类分级保护基础制度

早在 2021 年 11 月，国家互联网信息办公室会同相关部门研究起草的《网络数据安全管理条例（征求意见稿）》就提出，国家建立数据分类分级保护制度。按照数据对国家安全、公共利益或者个人、组织合法权益的影响和重要程度，将数据分为核心数据、重要数据、一般数据三个级别，针对不同级别的数据采取不同的保护措施。国家对个人信息和重要数据进行重点保护，对核心数据实行严格保护。

《规划》也将"建立数据分类分级保护基础制度"作为建设数字中国的一项关键能力。建立数据分类分级保护基础制度需要制定数据分类标准，研究技术方案，推进立法措施，加强关键数据监管，探索建立标识系统，加强人才培养并开展全社会教育。只有技术与管理并重，才能真正实现对不同类型数据的精细化管控，在提高数据利用率的同时全力保障数据安全。这需要政府、企业和全社会共同参与，增强数据安全意识，共同守护国家数据资源。

1. 制定数据分类标准

制定数据分类标准是建立数据分类分级保护基础制度的基础和前提。这需要全面评估不同类型数据的属性，明确分类基本原则，划分数据类型与级别，具体界定每类数据的范围，建立重分类与检查机制，并定期更新标准。只有通过科学合理的分类，才能为不同的数据制定差异化的分级保护策略，实现精细化数据管理，最大限度发挥数据价值的同时兼顾信息安全。这需要政府和企业共同努力，不断总结经验，逐步优化与完善数据分类标准。

评估不同类型数据的敏感性与重要性。要从国家安全、社会稳定、商业利益等方面评估不同类型数据的敏感性与重要性，明确数据分类的出发点与依据。

明确数据分类的基本原则。数据分类要遵循必要性原则、适度原则、易操作性原则等，避免造成过度分类与红线不清的情况。

划分数据的基本类型与级别。可以考虑从敏感程度高低的角度将数据划分为绝密、秘密、内部、公开四个基本类型；也可以根据数据的用途将其划分为人员数据、业务数据、生产数据、研发数据等。但是分类级别不宜过多。

明确不同类型数据的具体范围。要明确每种类型数据包含的具体信息范围，如绝密数据涉及国家特别重要事项秘密；机密数据是次之的保密级别，涉及国家重要及敏感性较高的事项和数据；秘密数据是较低保密级别，涉及个人隐私、商业秘密等；内部数据包括企业内部管理信息等。

建立数据重分类机制。要考虑建立数据类型变更审批机制，例如由于业务变化或其他原因，某类型数据需要调整分类，应报特定机构审批，避免出现数据未得到有效保护的情况。

加强分类标准的监督检查。要建立数据分类标准执行情况的定期检查机制，发现存在不符合标准要求的数据分类情况，应及时要求相关机构进行重分类或者纠正，确保标准实施效果。

定期评估与更新数据分类标准。要定期评估现有数据分类标准的适用性，根据数据类型变化与技术进步情况适时修订标准，使之能适应新情况，不断得到完善与提高。

2. 研究数据分级保护技术方案

研究数据分级保护技术方案是建立数据分类分级保护基础制度的关键所在。要考虑数据加密、访问控制、信息隔离、脱敏技术、存储管理、访问审计、新技术应用等多种手段的组合使用方案。只有系统地研究新技术的应用，才能为不同数据分类制定科学合理的保护策略，实现安全可控且可审计的精细化数据管理。

数据加密技术方案。要研究不同密钥管理与加密算法适用的数据类型和使用场景，为不同级别的数据制定差异化的加密方案，实现精细化的数据保护。

基于角色的访问控制方案。要开发面向不同用户角色与数据分类的细粒度访问控制策略与技术方案，控制数据的正确访问者和访问方式。

信息隔离与监控方案。要研究通过数据隔离、访问审计等手段加强对高敏感数据的管控，发现非正常访问行为及时报警并追究责任。

数据脱敏与匿名技术方案。要研究通过脱敏、匿名等技术手段在保证数据利用价值的同时最大限度去除数据中的敏感信息，降低数据滥用风险。

存储管理技术方案。要研究基于数据分类的存储管理策略，如高敏感数据存储于内部存储阵列，低敏感数据存储于公有云等，加强对数据全生命周期的管控。

数据访问审计技术方案。要研究针对不同数据分类制定的数据访问审计策略与技术方案，记录数据使用全过程，并建立审计分析机制，以便及时发现异常访问行为并追究责任。

安全新技术方案。要研究通过人工智能、区块链等新技术手段加强对数据使用与流通的管控，发挥数据价值的同时提高安全保障能力。

3. 推进重要数据分级保护立法

推进重要数据分级保护立法是建立数据分类分级保护基础制度的重要举措。要研究制定专门管理条例，在现有的相关法律中深化规定，修订信息安全等级保护和数据管理办法，制定关键数据外传办法，加强立法协同，并建立执行监督机制。只有通过系统的立法工作，才能真正明确数据分级保护的职责分工、制度要求和监管手段，为数据安全管控提供严密的法律保障。这需要政府相关部门密切配合，牵头研究并推进立法进程，不断丰富和完善我国的数据安全法规政策体系。

研究制定关于数据分类分级保护的管理条例。要明确不同类型数据的保护级别与技术要求、相关主体的管理义务、监督检查机制等内容，提供制度保障。

进一步明确《中华人民共和国网络安全法》中关于数据分级保护的规定。在后续修法中具体细化法律关于个人信息保护与关键信息基础设施保护的规定，提高操作性。

修订《信息安全等级保护管理办法》。要根据数据分类标准，修订《信息安全等级保护管理办法》，将数据纳入考核范围，实现从系统层面到数据资源层面的全面安全保护。

修订相关数据管理法规政策。要修订《公共数据开放管理办法》《科技成果信息公开管理办法》等，在确保数据开放共享的同时，明确不同类型数据的安全保护底线与要求。

出台《关键数据外传管理办法》。要制定关键数据的国内外传管理办法，建立数据外传申请、审批与监管机制，控制敏感数据的跨境流通，防止因数据滥用而危及国家利益与安全。

推进数据保护立法进程中的协同配合。要加强《个人信息保护法》《数据安全法》等立法工作之间的配合，明确各法律在数据分类与分级保护方面应遵循的总体原则，实现立法协同和衔接。

落实并监督立法实施情况。要建立数据分类分级保护立法实施情况的监督检查机制，发现存在不符合要求的行为应及时纠正，并对重大责任行为进行定罪处罚，确保立法政策落地见效。

4. 加强关键数据保护监管

加强关键数据保护监管是建立数据分类分级保护基础制度的重要内容。要建立监督检查机制，开展联合监督与执法，加强安全监测与预警，强化项目安全审查，探索重要数据等级保护制度，制定并监督《数据安全管理办法》实施，加强监管人才建设等。只有通过系统全面的数据安全监管，才能发现并解决数据安全管理方面存在的问题，最大限度降低数据安全风险，确保国家重要数据资源安全稳定运行。这需要相关政府部门密切配合，按照各自职责开展数据安全监管工作。

建立重要数据监督检查机制。要授权专业机构定期对关键信息基础设施运营者和重要数据持有者进行检查，监督其对重要数据的采集、存储、使用、共享等全流程管理，发现问题及时纠正。

开展联合监督与执法。要建立跨部门、跨领域的重要数据保护联合监督机制，如重要数据涉及多个部门或行业，应建立信息共享机制，共同开展监督检查与执法工作。

加强对重要数据安全事件的监测预警。要建立重要数据安全风险监测与预警机制，一旦发现重要数据泄露、滥用等安全事件，应立即启动应急预案，落实各项排查制度与应对措施。

加强对关键数据项目的安全审查。对关系国家安全和重要民生、涉及重要数据的重点项目，要加大安全审查力度，检查其数据采集、使用是否存在高风险，及早预防数据安全问题的发生。

探索建立数据安全等级保护管理制度。要研究建立重要数据等级保护管理制度，对不同等级的数据提出差异化安全要求和监管措施，实现更精细化的数据保护。

制定并监督实施《数据安全管理办法》。要制定《重要数据资源目录》和《重要数据安全管理办法》，明确重要数据范围和安全要求，并定期对实施情况进行检查，确保相关单位数据管理工作符合要求。

加强对数据安全监管人才队伍建设。要加强对从事数据安全监管工作人才的培养，不断提高监管技能和水平，为制度实施提供人力保障。

5. 探索建立数据分级保护标识系统

探索建立数据分级保护标识系统是推进数据分类分级管理的重要方面。要研究国际方案并选择适用方案，明确不同数据的标识方式，研究标识在业务系统中的应用，做好标示系统设计风险评估，开展试点并总结经验，加强标示系统监管等。数据标识系统的设计与实施需要慎重验证和严密管控，以避免因为标识产生的数据安全问题。

研究不同国家和地区的数据标识方案。要研究其他国家和地区的数据敏感性标识制度，总结国际上数据标识的通用方案和做法，为我国标识系统设计提供参考。

选择适合我国国情的数据标识方式。数据标识方式包括明示标识与隐含标识两种，必须选择符合我国数据管理习惯和需要的方式，易于推广和实施。

明确不同类型数据对应的标识。要基于数据分类分级标准为不同敏感级别的数据设定相应的标识，辅助数据管理人员和使用者识别数据敏感性。但标识的具体涵义只限于特定范围人员理解，不对外公开。

研究标识在业务系统中的具体应用。要研究如何在不同业务系统中对不同敏感级别数据实施标识，并根据标识确定相应的数据保护策略与管控措施。

开展标识系统设计风险评估。要充分识别和评估数据标识系统在设计及实施过程中的各种风险，如标识内容或系统存在漏洞可能导致的数据安全问题，并提出有效的风险控制方案。

探索在特定范围内开展标识系统试点。在条件成熟的前提下，可选择特定部门或行业开展数据标识系统试点工作，总结实施效果和经验，为全面推广标识系统打好基础。

加强对标识系统的监管。要建立数据标识系统实施和运行情况的监督检查机制，发现问题应及时要求整改，并避免标识系统自身成为滥用和攻击的对象，提高系统安全性。

6. 加强数据分级保护人才培养

加强数据分级保护人才培养是建立数据分类分级保护基础制度的重要保障。要开展系统培训，建立人才培养机制，加强人才继续教育，统筹人才发展规划，鼓励企业加大人才培养投入力度，加强高级人才培养，完善人才激励机制等。只有建立规范高效的数据安全人才培养体系，不断优化人才政策环境，才能为数据分级保护工作提供足够的专业人才支持。这需要政府、企业、高校和科研机构密切合作，共同推进人才培养和政策研究。

开展数据分级保护专业培训。要开展面向数据安全从业人员的数据分级保护理论和技术培训，使其掌握数据分级保护的基本原理、方法与技能。

建立数据安全人才培养机制。要建立系统的人才培养机制，实施国家统一的数据安全人才认证考核标准，加强对数据安全人才的资质管理与要求。

加强数据安全人才继续教育。要加强对从业人员数据安全新技术、新工具与新方法的持续培训，不断提高其专业技能与水平，以适应数据安全管理工作的需要。

统筹规划数据安全人才发展路径。要研究制定国家和行业数据安全人才发展路径与规划，统筹安全人才的培养、管理、考核、流动等，实现安全人才资源的优化配置。

鼓励企业加大人才培养投入力度。要鼓励企业加大对数据安全人才培养与引进的投入力度，建立企业内部的数据安全人才培养机制，营造适宜人才成长的环境。

加强高级数据安全人才的培养。要通过重点高等院校与科研机构合作的方式，开展数据安全领域的硕士、博士生教育，培养高级研究人才和技术专家。

完善数据安全人才激励机制。要建立健全的数据安全人才激励机制，采取待遇优惠、荣誉机制等措施激励人才从事数据安全管理工作，提高其工作积极性。

7. 开展全社会数据安全教育

开展全社会数据安全教育是建立数据分类分级保护基础制度的重要基石。要加强学校和公众教育，研发网络课程，编写普及书籍，开展人员认证与企业认证，建立知识测试平台等。只有开展多层次、全方位的数据安全知识教育与测试评估，提高全社会对数据安全的重视与理解，营造重视数据安全的良好环境氛围，才能为数据分类分级保护制度的贯彻实施提供有力支持。这需要政府、企业和全社会共同努力，形成共同守护数据安全的社会氛围。

加强学校关于数据安全的教育。要将数据安全知识纳入中小学信息技术课程，开展面向青少年的数据安全教育，培养他们的数据安全意识。

开展面向公众的数据安全宣传。要开展全民数据安全知识讲座、演讲赛等活动，利用报刊、电视、网络等媒介开展数据安全知识的公益宣传，增强全社会的数据安全意识。

研发数据安全教育网络课程。要研发面向不同人群的中文数据安全教育视频公开课、大型开放式网络课程（MOOC）等，方便公众通过网络获取数据安全知识，拓展教育覆盖面。

出版数据安全普及书籍。要编写简明易懂的数据安全普及读物，深入浅出地介绍数据安全基本知识与技能，方便公众自学和提高认知。

开展数据安全专业人员认证。要开发面向数据使用者和管理者的数据安全认证考试，鼓励更多人参与考试认证，提高数据安全水平。

开展数据安全企业认证。要推出数据安全企业认证，鼓励和引导企业建立健全的数据安全管理制度与体系，评估企业数据安全管理成熟度，提高行业和社会总体的数据安全水平。

建立数据安全知识在线测试平台。要建立免费开放的数据安全知识答题和在线测试平台，方便公众通过测试了解自己的数据安全知识水平，并提供配套相关教材进行进一步学习。

健全网络数据监测预警和应急处置工作体系

《规划》将"健全网络数据监测预警和应急处置工作体系"作为强化数字中国的"两大"关键能力的重要步骤，体现了其在筑牢数字安全屏障方面的重要意义。健全网络数据监测预警和应急处置工作体系需要构建监测预警体系，完善报告与应急预案，加强应急管理与演练，强化重要数据基础设施保护，探索建立安全保险制度等。只有全面加强网络数据安全风险管控，强化应急工作体系建设，才能提高对网络安全事件的快速响应能力，最大限度减轻安全事件可能造成的损失和影响。

1.构建数据风险监测与预警体系

构建数据风险监测与预警体系是健全网络数据监测预警和应急处置工作体系的基础。要建立情报共享机制，开展全面安全检测，建立态势感知模型，研发预警产品工具，开展重要数据监测，建立监测预警人才机制，定期开展体系评估等。只有全面监测网络数据环境，动态洞察安全风险，积极研发安全预警手段，才能真正实现网络数据安全风险的实时监测与预警，为网络安全保驾护航。

建立网络数据风险情报共享机制。要建立政府、企业间的网络数据风险情报共享平台与机制，收集全球网络安全动态与风险情报，为风险监测与预警提供基础支持。

开展全面的数据资源安全检测。要开展全面的数据资源安全检测与评估工作，发掘系统、网络、数据等存在的安全威胁与风险，为风险管控提供依据。

建立数据安全态势感知模型。要构建涵盖数据环境、威胁态势、风险评估等的网络数据安全态势感知模型，通过大数据分析技术实现网络数据安全态势的动态感知与预测。

研发数据安全预警产品与工具。要研发网络数据安全监测与预警产品，如基于大数据技术的网络安全态势感知与预警系统，提供自动化的安全监测、风险识别与预警功能。

开展重要数据资源安全监测。要对关键信息基础设施和重要数据资源实施重点监测，及时发现其中的风险和异常情况，提前预警以启动应急预案，防止重大数据安全事故的发生。

建立网络数据安全监测预警人才机制。要建立网络数据安全监测预警人才标准体系，加强对相关人才的培养与资质认证，为数据安全监测预警体系提供专业支撑。

定期开展监测预警体系评估。要定期对现有的网络数据安全监测预警体系进行评估，检查其在监测网络数据安全态势及发出风险预警信息方面的有效性，并对其进行持续改进与优化。

2. 完善数据安全故障报告与应急预案

完善数据安全故障报告与应急预案是健全网络数据监测预警和应急处置工作体系的关键所在。要制定安全事件报告标准，建立健全报告机制，开展定期的数据安全漏洞与事件检查，制定数据安全应急预案，开展预案演练，及时启动预案，加强预案监督管理等。只有建立科学高效的数据安全事件报告机制和应急处置预案，才能在网络安全事件发生后实现快速响应，有效管控事件，减少和避免可能造成的损失。这需要各级政府与企业密切配合，共同负责网络数据安全管理工作。

制定网络数据安全事件分类与报告标准。要研究制定网络数据安全事件的分类标准和分级报告标准，明确不同安全事件的报告主体、报告内容与时限要求等。

建立健全数据安全事件报告机制。要建立横向和纵向的网络数据安全事件报告机制，明确各相关主体如运营商、企业的报告职责和报告流程，以实现事件信息的快速收集与上报。

开展定期的数据安全漏洞与事件检查。要定期组织对网络数据资源和系统的漏洞扫描与检测，并就检出的高风险漏洞与安全事件进行报告，为应急处置工作提供基础。

制定不同类型的数据安全应急预案。要结合数据资源的特点与安全事件的分类制定针对性的数据安全应急预案，包括数据服务中断响应预案、数据大规模删除响应预案等，提高应急响应速度。

开展定期的数据安全应急预案演练。要定期对现有的数据安全应急预案开展桌面演练或实地演练，检验预案的科学性、针对性和可操作性，并根据演练结果不断修订与优化预案。

及时启动数据安全应急预案。一旦发生网络数据安全事件，特别是重大安全事故时，要第一时间启动对应的数据安全应急预案，严格落实各项应急措施，最大限度减少事件造成的损失和影响。

加强对应急预案的监督管理。要建立数据安全应急预案的监督检查机制，定期对相关主体应急预案的制定与实施情况进行检查，确保应急预案落地生效，不出现脱离实际的情况。

3. 统筹网络数据安全应急管理

统筹网络数据安全应急管理是健全网络数据监测预警和应急处置工作体系的重要措施。要加强应急管理组织机构建设，制定管理办法，建立事件信息共享机制，开展人才培训，加强重要系统演练，强化重大事件处置，总结应急管理经验等。只有在政府主导下，建立跨部门、联动协同的网络数据安全应急管理体系，才能对网络安全事件实施有效处置，最大限度减少事件造成的损失。这需要各利益相关方展开密切协作，共同努力完善我国的网络数据安全应急管理机制。

加强网络数据安全应急管理组织机构建设。要建设横向和纵向的网络数据安全应急管理工作机构，保证各级机构职责明确，能够在发生网络数据安全事件时第一时间启动并响应。

制定网络数据安全应急管理办法。要研究制定网络数据安全应急管理的工作流程和标准化管理办法，明确工作机构的职责权限、会商决策机制、联动工作机制等，保证应急管理工作有序开展。

建立网络数据安全事件信息共享机制。要建立政府与企业间的网络数据安全事件信息共享机制，一旦发生安全事件，第一时间相互通报，为应急事件的快速响应和协同处置提供信息支撑。

开展网络数据安全应急管理人才培训。要定期开展网络数据安全应急管理人才的业务培训，提高其应对网络数据安全事件的专业技能，特别要加强对联动小组成员的培训。

加强重要行业和关键系统应急演练。要针对重要行业如金融、能源以及关键信息系统开展应急演练，检验其实体联动和现场处置能力，发现应急管理工作中的不足之处并加以改进。

加强对网络空间重大安全事件的处置。在发生网络空间重大安全事件时，要强化政府主导、部门协同、军民融合的处置体系，设立联合工作专班，统筹协调各方力量进行快速处置、实施损害控制机制。

总结网络数据安全应急管理经验。要定期对网络数据安全应急管理工作进行总结和检讨，研究和完善政策法规，改进工作机制，优化应急预案，并将经验成果转化为工作标准等加以运用。

4. 加强网络数据安全故障排除演练

加强网络数据安全故障排除演练是健全网络数据监测预警和应急处置工作体系的重要保障。要制定演练方案，定期开展网络数据资源检查，开展桌面与实地演练，加强关键信息基础设施演练，总结演练经验，建立考核机制等。只有通过演练来检验现有的网络数据安全防护体系，发现问题加以改进，才能在实际发生网络安全事件时有序应对，最大限度减少安全事故造成的危害。这需要各级政府与企业共同努力，定期开展全面和深入的网络数据安全演练。

制定网络数据安全演练方案。要根据网络数据资源情况和可能发生的安全事件制定网络数据安全演练方案，确定演练的内容、方式、对象和时间表等。

定期组织网络数据资源安全检查。要定期组织对重要数据资源和信息系统的安全检查，发现安全隐患和风险点，为网络数据安全演练提供案例。

开展网络数据安全桌面演练。要通过网络数据安全应急预案的桌面演练，来检验预案在实际应用中的指导作用和可操作性，并据此对预案进行修订完善。

实施网络数据安全实地演练。要针对高风险部门和重要行业开展实地演练，检验其实体联动与现场处置能力，发现应急管理机制和技术手段方面存在的不足，并加以改进。

加强对关键信息基础设施的演练。要针对关键信息基础设施如政务网、电力等系统开展网络数据安全演练，检验其安全防护与应急处置能力，特别要防范其遭受网络攻击的风险。

总结网络数据安全演练经验。要对网络数据安全演练进行评估与总结，研究相关技术方法、管理机制与政策制度的改进方向，并将相关经验转化为标准及规范加以应用。

建立网络数据安全演练考核机制。要建立对网络数据安全演练的考核机制，通过定期检查相关主体网络数据安全演练的组织与实施情况，督促其开展更为系统和全面的演练，提高应急处置水平。

5. 加强重要数据基础设施安全保护

加强重要数据基础设施安全保护是健全网络数据监测预警和应急处置工作体系的核心举措。要明确重要数据和关键信息基础设施，加强分类分级管理，开展风险评估，加强监管与审计，强化系统联网安全防护，加强物理安全防护等。只有全面加强对重要数据和关键信息基础设施的安全保护，才能真正保证网络安全，为经济社会发展提供安全可依赖的信息环境。这需要相关政府部门与企业共同努力，制定并执行严密的安全防护制度。

明确重要数据和关键信息基础设施。要定义和界定重要数据以及关键信息基础设施如政务网和电网等，对其安全防护设施提出更高要求。

加强重要数据分类分级管理。要按重要数据的重要性和敏感性实施严密的分类分级管理，制定差异化的安全保护策略，严格控制数据的收集、使用、存储、共享与删除等各环节。

开展重要数据风险评估。要针对重要数据资源开展定期的风险评估与审计工作，以便及时发现系统和流程方面存在的风险点与隐患，采取有针对性的安全防护措施。

加强对重要数据和信息系统的监管。要加大对重要数据持有者和关键信息基础设施运营者的监管力度，要求其制定科学可行的安全管理制度和技术措施，并开展定期检查与监督工作。

实施重要数据安全审计。要组织开展重要数据安全审计，聘请第三方专业机构对重要数据的使用与共享情况进行审计，发现违规行为并督促改正。

加强重要系统联网安全防护。要加强对关键信息基础设施系统与互联网的联网点进行安全防护，严格控制系统边界，限制非法访问和攻击行为，防止重要系统遭受网络攻击。

加强重要数据中心和关键信息基础设施物理安全防护。要加强重要数据中心和关键信息基础设施的物理安全防护，严密控制物理访问权限，安装监控设备和入侵检测设备，有效防止非法侵入和破坏活动。

6. 探索建立网络数据安全保险制度

探索建立网络数据安全保险制度也是健全网络数据监测预警和应急处置工作体系的一个重要组成部分。要研究制度方案，开展可行性分析，鼓励投保，推进联合保障，完善监管，建立理赔机制，总结运作经验等。网络数据安全保险制度的建立可以引入商业保险资金，分散网络数据安全风险，减轻政府和企业的经济负担。但其前景和实施还存在较大的不确定性，需要相关部门对其进行进一步的研究与探讨，以促进网络数据安全保险制度的发展。这需要政府、企业与保险机构密切配合，共同推进网络数据安全保险制度的构建。

研究网络数据安全保险制度方案。要研究网络数据安全保险产品设计，包括投保范围、投保主体、保费定价机制、理赔条件等，确保其具有可操作性。

开展网络数据安全保险可行性分析。要开展网络数据安全保险的市场调研与可行性分析，分析互联网企业和其他机构投保的意愿与能力，评估网络数据安全保险的市场规模和发展前景。

鼓励企业投保网络数据安全保险。要采取政策扶持和财税优惠等措施引导和鼓励企业投保网络数据安全保险，并适当要求重点行业和关键信息基础设施运营者投保。

倡导网络数据安全保险联合保障。要鼓励商业保险公司合作推出联合的网络数据安全保险产品，分散风险，降低保费成本，扩大产品覆盖面。

完善网络数据安全保险监管。要建立网络数据安全保险监管制度，落实保险公司产品设计审核、资金监管等制度，保障网络数据安全保险市场的健康发展。

建立网络数据安全保险理赔机制。要建立网络数据安全事件的分类标准与理赔条件，明确不同网络安全事件的责任主体与保险责任，引导正当的理赔行为，避免发生保险欺诈行为。

总结网络数据安全保险运作经验。要定期研究总结网络数据安全保险的运作情况，检验现行政策机制的实施效果，并提出进一步改进的意见与建议，为后续工作提供支撑。

第四章
优化数字化发展的国内环境
和国际环境

优化数字化发展的国内环境和国际环境，关键是建立健全数字经济发展所需要的制度体系、技术标准体系和治理体系，并加强数字经济国际合作，推动形成开放的全球数字治理架构。只有国内外环境均得到优化，我国的数字经济才能实现持续健康发展。

及时按程序调整不适应数字化发展的法律制度

《规划》将"及时按程序调整不适应数字化发展的法律制度"作为优化数字化发展环境的一项重要举措，这说明传统的法律制度和法规已经并不完全适应数字化发展的需求和挑战。因此，为了优化数字化发展的国内环境和国际环境，我们需要及时调整和制定不适应数字化发展的法律制度，这是优化数字化发展国内环境的先决条件。这项工作需要我们研究数字经济的发展规律，加强国内和国际数字化发展的法律建设，并积极参与全球数字经济治理体系的建设。

1. 研究国内数字经济的发展规律

这是优化数字化发展国内环境的第一步。具体需要考虑以下方面：

加强对数字经济发展趋势的研究。要深入研究全球数字经济发展的最新趋势，分析数字技术进步对经济社会的影响，研究用户需求与企业营商环境变化，为制度调整提供支撑。

组织对数字经济法律制度的全面检查。要组织对现行的法律制度进行全面检查，着重检视与数字经济密切相关的法律法规，发现不符合数字经济规律与发展要求的地方，提出修改意见。

修改完善落后和不适应的法律法规。要根据检查结果，对相关法律法规进行修改完善，及时修订落后和不适应数字经济发展的条款与内容，使之更加适应新技术发展要求和产业发展方向。

研究制定跨部门、跨产业的综合法制方案。要从战略高度研究数字经济法制，制定统筹规划和顶层设计，推动建设综合统一的数字经济法律法规体系。

加强法治人才队伍建设。要大力加强数字经济领域的法治人才队伍建设，提高政府法治部门和法律界对数字经济发展特征与规律的认识，为法治研究与制度创新提供人才支持。

借鉴国际成功法治经验。要密切跟踪国际上数字经济领域先进的法治理念与做法，了解其他国家和地区的成功法治经验，为我国数字经济法治制度的完善提供可借鉴方案。

建立法律实施监测评估机制。要对新修订和新制定的数字经济相关法律法规建立监测评估机制，及时发现实施中的问题，保证相关法律法规发挥应有的作用。

2. 加强国内数字化发展法律建设

在国内环境方面需要从以下几个方面入手：

加强数字化发展法律建设。要制定和完善数字化发展相关的法律法规，包括《网络安全法》《电子商务法》《数据保护法》等，为数字化发展提供法律保障。

加强数字化发展法律实施。要加强数字化发展法律实施的监督和评估，及时发现和纠正数字化发展法律实施中存在的问题，确保数字化发展法律的有效实施。

推进数字化发展与法律制度的融合。要加强数字化发展与法律制度的协调和配合，促进数字化发展与法律制度的有机衔接，确保数字化在法律制度的框架内合规发展。

加强司法实践和法律教育。要提高法律从业人员和公众对数字化发展的认识和理解，加强数字化发展领域的法律知识和技能培训，提高数字化发展法律实施的质量和水平。

3. 加强国际数字化发展法律建设

在国际环境方面需要从以下几个方面入手：

加强国际法律合作。积极参与国际数字化发展领域的法律制定和合作，推进数字化发展领域的国际法律合作和协调，促进数字化发展的全球化和规范化。

制定数字化发展国际法律规范。积极推动数字化发展领域的国际法律制度的建设和完善，促进数字化在全球范围内的合规发展。

加强数字化发展国际法律实践。加强数字化发展领域的国际法律实践的监督和评估，及时发现和纠正数字化发展法律实施中存在的问题，确保数字化发展法律在国际范围内的有效实施。

促进数字化发展国际法律教育。加强数字化发展领域的国际法律知识和技能培训，提高数字化发展领域的国际法律人才的素质和能力，为数字化发展的全球化提供法律支持。

4. 积极参与全球数字经济治理体系建设

这是确保我国数字经济发展环境的重要举措。需考虑以下方面：

积极参与全球数字经济相关规则制定。要积极参与世界贸易组织、区域自由贸易协定等在数字经济领域的国际规则的制定工作，推动形成开放透明的全球数字经济治理框架，维护国家利益和企业权益。

加强在重要国际组织中的发言权。要依托联合国、G20、亚太经合组织等多边平台共同构建数字经济合作框架，加入数字经济相关的重要国际组织和机构，如联合国互联网治理论坛等，加强在这些平台中的影响力和发言权。

推动达成全球数字经济合作协定。要加强与重要贸易伙伴数字经济领域的合作，推动达成数据流动、电子商务、数字知识产权等方面的双边或多边协定，扩大市场准入。

主导全球数字标准和规范的制定。要加大数字经济核心标准和技术规范的提案力度，推动我国标准和规范在全球范围内的采用，增加话语权和竞争力。

构建人工智能、区块链等技术国际合作网络。要推动与关键国家和地区在人工智能、区块链等新技术领域开展战略对接和深度合作，共同推动技术创新与可控应用。

加强国际网络安全治理合作。要推动建立涵盖政策沟通、联合执法、信息共享、应急响应等内容的网络空间国际治理合作机制，共同应对全球网络威胁与挑战。

倡导建立可持续发展的全球数字经济伙伴关系。要向相关国家发起全球数字经济伙伴关系倡议，就经济发展方式、数字技术应用、产业转型等议题开展对话与交流，推动构建和谐开放的国际发展环境。

构建技术标准体系，编制数字化标准工作指南

数字化技术标准是数字化发展的重要组成部分，是确保数字化技术高效、可靠和安全运行的关键因素。因此，构建技术标准体系和编制数字化标准工作指南是优化我国数字化发展的重要任务。

1. 构建技术标准体系

国内构建技术标准体系需要从以下几个方面入手：

加强标准制定机构的建设。建立健全的标准化组织体系，如国家标准化管理委员会等，加强标准制定机构的建设和管理，提高标准制定的科学性和权威性。

加大标准制定力度。完善标准制定的程序、方法和规则，加强标准制定的过程管理和质量控制，确保标准的科学性、先进性和实用性。

加强标准的宣传和推广。目的是提高社会各界对标准的认识和重视程度，鼓励企业和个人自愿采用标准，促进标准的普及和推广。

加强对标准的监督和管理。加强对标准实施情况的监督和评估，及时发

现和纠正标准在实施中存在的问题，确保标准的有效实施。

参与国际技术标准体系构建需要从以下几个方面入手：

加强与国际标准化组织的合作。

参与国际标准的制定。积极参与国际标准制定过程，推动我国标准在国际上的认可和推广，提高我国在国际标准化领域的话语权和影响力。

借鉴国际标准经验。学习和吸收国际标准的优秀经验和做法，加强标准制定的创新性和实用性，提高我国标准制定的水平和质量。

积极参与国际标准化组织的治理。旨在推动国际标准化组织的改革和创新，以适应数字化时代的发展需要，提高国际标准化组织的效率和管理水平。

2. 编制数字化标准工作指南

编制数字化标准工作指南是优化数字化发展环境的重要任务之一。编制数字化标准工作指南需要从以下几个方面入手：

明确数字化标准制定的目标和原则。包括为数字化技术提供规范、促进数字化技术的创新和应用、保障数字化技术的安全和可靠等。

确定数字化标准制定的程序和方法。包括数字化标准制定的主体和参与者、数字化标准制定的流程和周期、数字化标准的内容和形式等。

规范数字化标准制定的管理和质量控制。包括数字化标准制定的组织和管理、数字化标准制定的质量控制和评估、数字化标准制定的审批和发布等。

加强数字化标准的普及和推广。包括加强数字化标准的宣传和推广、推动数字化标准的实施和应用、建立数字化标准的评估和监督机制等。

加强数字化标准的修订和更新。及时跟踪数字化技术的发展和变化，修订和更新数字化标准，确保其实用性和先进性。

提升治理水平，健全网络综合治理体系

数字化时代的到来，给互联网和信息技术带来了巨大的发展变革，同时也带来了新的治理挑战。提升治理水平，健全网络综合治理体系，是优化数字化发展环境的重要任务之一。

1. 在国内环境中需要做的工作

加强网络法治建设。完善网络法律法规体系，加强网络安全和信息安全的立法和执法工作，加强对网络犯罪的打击和处罚力度，维护网络空间的法律秩序和社会稳定。

加强网络安全保障。加强网络信息安全防护，建立网络安全应急机制，加强对网络攻击和网络犯罪的打击力度。

加强网络空间治理体系建设。建立网络空间治理法律制度，完善网络空间治理机构和体系，加强网络空间治理的规范和标准。同时，加强公共政策的制定和实施，引导和规范数字化技术的应用和发展。

加强网络文化建设。推动网络文化健康有序发展，加强对网络文化的引导和规范，加强网络文化的创作和传播，提高网络文化的品质。

2. 在国际环境下需要做的工作

加强国际合作。推动各国在网络治理领域的合作和协调，共同应对全球性的网络治理挑战，推动网络治理的全球化和规范化。

推动全球互联网治理体系的建设。加强全球互联网治理机构的建设和管理，制定全球互联网治理标准和规范，推进全球互联网治理机制的改革和创新。

加强网络安全国际合作。加强网络安全领域的信息共享、技术交流和合作研究，共同应对网络安全威胁和挑战，维护全球网络安全稳定。

促进数字文化交流和传播。推动数字文化的多元发展和交流，加强数字文化的保护和传承，推动数字文化产业的发展和繁荣。

净化网络空间，深入开展网络生态治理工作

净化网络空间，深入开展网络生态治理工作，是优化数字化发展的国内环境和国际环境的重要内容之一，以便共同打造健康、有序、安全、稳定的网络生态环境，为数字化发展提供安全可靠的发展基础。

1. 深化网络生态治理，建设健康有序的国内网络空间

在国内环境中，深入开展网络生态治理工作需要从以下几个方面入手：

建立健全网络安全法律法规体系。加强网络空间法律法规建设，完善网络空间法律法规体系，制定并严格执行网络安全、信息安全、个人信息保护等法律法规，为网络生态治理提供强有力的法律保障。

加强网络安全监管。加强对网络空间的监管，制定并实施网络安全等监管制度，加大对网络诈骗、网络侵权、网络暴力等违法行为的打击力度，打造安全可靠的网络空间。

推进网络空间法治化建设。加强网络空间的法治化建设，健全网络空间的法律法规体系，加大对网络违法犯罪行为的打击力度，推动网络空间的规范化、标准化、法治化发展。

强化网络安全技术保障。加强网络安全技术保障，发展、推广和应用网络安全技术，提高网络安全技术的水平和能力，保障网络空间的安全和稳定。

加强网络空间舆论引导。营造健康、积极、阳光的网络文化氛围，净化网络空间，维护网络空间的文明、和谐。

加强网络空间人才培养。提高网络安全人才和网络技术人才的素质和能力，为网络生态治理提供强有力的人才支持。

2. 加强国际网络空间治理合作，建设安全稳定的全球网络空间

在国际环境中，开展国际网络空间治理工作需要从以下几个方面入手：

积极参与国际网络空间治理。推动网络空间国际合作，加强与国际组织的合作，制定并执行国际网络安全、信息安全等标准，提高网络空间的全球治理水平。

加强国际网络安全合作。推动国际网络安全协议的制定和执行，加强网络安全领域的国际交流与合作，共同应对跨国网络安全威胁。

推进数字化经济合作。加强数字贸易合作，推动数字经济规则的协调和制定，促进数字经济的健康、有序发展。

建立网络空间信任机制。推动网络空间的安全和稳定，增强网络空间的信任和合作。

加强相关人才培养。培养具有国际视野和创新能力的网络安全人才，推动国际网络安全人才培养的合作和交流，为全球网络安全和数字化发展提供人才支持。

高质量共建"数字丝绸之路"，积极发展"丝路电商"

"数字丝绸之路"，是指通过数字技术和信息网络，促进"一带一路"合作伙伴和地区之间在数字经济、数字贸易和数字文化方面的互联互通，实现共赢发展的目标。其中，"丝路电商"是"数字丝绸之路"的重要组成部分，指的是"一带一路"合作伙伴采用电子商务模式进行贸易和投资的活动。

1. 高质量共建"数字丝绸之路"

高质量共建"数字丝绸之路"是一项重要的国际合作倡议，旨在通过数字技术和信息网络促进互联互通，推动数字化发展。共建"数字丝绸之路"需要各国共同努力，在多个方面加强合作，推动数字经济和数字贸易的发展。

推动数字基础设施建设。数字化发展离不开高速、稳定、安全的网络基础设施。因此，共建"数字丝绸之路"需要各国加强数字基础设施建设，提高网络带宽和速度，确保数字经济、数字贸易和数字文化在"数字丝绸之路"上的畅通无阻。这需要各国加强网络互联互通，推动数字技术的标准化和互认。

加强数字文化交流。数字经济的发展不仅需要数字技术和数字贸易，还需要数字文化的交流和传播。共建"数字丝绸之路"需要各国加强数字文化交流，推动数字文化产业的合作，促进数字文化产业的健康发展。这需要各国加强数字文化产业的研究和分析，推动数字文化在"数字丝绸之路"上的传播和交流，提高数字文化的国际影响力。

建设数字经济产业园区。在"数字丝绸之路"沿线地区建设数字经济产业园区，为数字经济企业提供有利的投资和发展环境，促进数字经济企业的创新和发展。数字经济产业园区可以为数字经济企业提供优质的基础设施和服务，促进数字经济的集聚和创新。同时，数字经济产业园区也可以促进"数字丝绸之路"沿线的国家和地区加强数字经济产业的协作和合作，推动数字经济共同发展。

加强数字安全合作。共建"数字丝绸之路"需要各国加强数字安全合作，应对数字安全挑战。数字经济的发展离不开数字安全的保障，同时也带来了数字安全风险的增加。需要各国加强数字安全法律和制度建设，加强数字安全技术保障，共同应对网络攻击、数据泄露、网络犯罪等挑战，确保数字经济和数字贸易安全可靠地发展和进行。

2. 积极发展"丝路电商"

发展"丝路电商"是共建"数字丝绸之路"的重要组成。发展"丝路电商"需要在以下几个方面下功夫：

加强数字贸易合作。"数字丝绸之路"沿线的国家和地区应积极开展数字贸易合作，提高数字经济发展水平。这包括降低和打通贸易壁垒，加强数字贸易标准的协调和制定，推动数字贸易的互联互通和互利共赢。

加强人才培养。"数字丝绸之路"沿线的国家和地区应加强数字经济人才培养，加大数字技术、电商运营等相关专业的培训力度，提高数字经济人才的能力素质，培养具有国际视野和创新能力的数字经济人才。这需要各国加强交流和合作，推动数字经济人才的国际化和专业化。

积极参与数据跨境流动等相关国际规则的构建

随着数字化的快速发展，数据跨境流动成为数字经济发展的重要一环。积极参与数据跨境流动等相关国际规则的构建，有助于促进数字经济发展，实现数字化发展共赢。具体来说，参与数据跨境流动等相关国际规则的构建需要关注以下几个方面：

1. 推动数字经济全球化发展

数字经济发展正趋向全球化，各国应加强合作，共同推进数字经济全球化发展。推动数字经济全球化发展，需要加强数字基础设施建设，提高网宽和网速，促进数字经济、数字贸易和数字文化的互联互通。

同时，各国也需要加强数字经济产业的交流和合作，打造数字经济生态系统。建立数字经济的国际标准和规则，促进数字经济的全球化发展。

2.加强数字经济产业的国际合作

数字经济产业发展需要各国共同推进。加强数字经济产业的合作交流，建立数字经济产业的联盟和协会。加强数字经济产业的人才培养，提高数字经济产业从业者的素质和能力。加强数字技术和创新的研究应用，探索数字经济产业发展模式和趋势，为数字经济产业升级和转型提供科学依据。

3.加强数据保护和隐私保护

数据跨境流动涉及数据的安全和隐私问题，各国需要加强数据保护和隐私保护的法律和制度建设，制定数据安全和隐私保护的国际标准和规则，加强数据跨境流动的监管和管理；加强国际合作，加强信息共享和技术合作，共同应对数据安全和隐私保护的挑战，包括加强国际组织和论坛中的合作，形成共识和标准；加强数据安全技术的研究和应用，提高数据安全和隐私保护的技术水平，为数字经济的发展提供技术支持。

4.促进数字经济的创新和发展

数据跨境流动可以促进数字经济的创新和发展。各国需要加强数字经济的创新和发展，推动数字技术的应用和创新，促进数字经济产业的升级和转型；加强数字经济生态系统建设，促进数字经济的良性循环，包括搭建数字经济创新平台、建立数字经济产业链、打造数字经济产业园区等，为数字经济的创新和发展提供良好的环境和支持。

第五章
数字中国建设的核心命题
——数实融合

数字中国建设的核心命题是"数实融合",即数字经济和实体经济的深度融合。为实现数实融合,需要从促进数据流动、拓展数据服务商的业务领域、推动企业数字化转型、提高个人数字素养、推广数字化思维等方面入手。这些方面彼此之间相互关联、互相促进,共同构建数字经济和实体经济的有机融合体系,推动数字中国建设向纵深发展。

数实融合重在促进数据的充分流动

数实融合是建设数字中国的核心命题，指的是数字经济和实体经济的融合发展，数字化向非数字的实体经济的应用、渗透和重塑，使数字经济赋能实体经济，二者实现互促发展。数实融合的关键是促进数据作为新的生产要素充分流动。数据是数字经济的核心资源，其流动性和共享性是实现数实融合的基础。打破数据孤岛，建立数据共享和交换机制，保护数据的隐私和安全，促进数字化转型和升级，将为数字经济和实体经济深度融合提供坚实的支持保障。

1. 建立数据共享和交换机制

建立数据共享和交换机制是促进数据充分流动的重要手段，也是实现数实融合的关键。在数字化时代，由于来源、格式、安全等方面的差异，导致数据相互孤立，难以共享，限制了数字经济的发展。为了解决这一问题，需要建立数据共享和交换机制，打破数据孤岛，促进数据的共享和流通。

建立数据共享和交换机制具体需要做好以下工作：

在政府主导下建立数据共享平台。政府发挥主导作用，建立数据共享平台，推动数据开放和共享。可以采取多种方式，如设立数据共享中心、建立数据交换平台等，加强数据治理，促进数据流动的合规化和规范化，确保数据的质量和安全。

加强数据标准化和规范化，提高数据的质量和可信度。数据标准化和规范化是实现数据共享和流通的关键环节。制定数据标准和规范，可以统一的数据格式、数据定义和数据结构，从而降低数据交换和共享的成本，提高数据的可用性和可靠性。政府可以制定相关标准规范，推动数据标准化和规范化的实施，促进数据充分流动。同时，加强数据质量管理，建立数据质量监管机制，采取数据清洗、数据验证等措施，提高数据的质量和可信度，为数据共享和流通提供保障。

2. 保护数据的安全和隐私

保护数据的安全和隐私是促进数据充分流动的保障。数字化时代的数据复杂性和敏感性都在不断增加，数据泄露、滥用和被黑客攻击的风险加大。因此，为了保护数据的安全和隐私，需要采取多种措施，确保数据的安全和合法使用。

保护数据的安全和隐私具体需要做好以下工作：

加强数据安全保护，防止数据滥用和泄露。数据安全是数据共享和流通的前提和基础。为了保护数据安全，要建立数据加密机制、建立数据备份和恢复机制、加强数据安全管理、强化访问权限控制、加强相关人员培训和意识提升等。此外，还要加强网络安全防护，及时进行数据安全更新和漏洞修复，防止黑客攻击和病毒侵袭，保护数据安全。

遵循法律法规和伦理道德规范，尊重数据主体的隐私权益。政府可以制定相关法律法规，规范数据的收集、存储和使用，保护数据主体的隐私权益。同时，建立数据使用和共享的伦理道德规范，推广道德感和责任感，促进数据的合法使用。

确保数据安全合法使用。为了确保数据的安全合法使用，需要加强数据监督管理。政府可以建立数据监管机制和安全审计监控机制，制定数据使用和共享的标准规范，加强数据质量管理，保证数据的真实性、准确性和完整性。同时，加强数据使用监管，规范数据的使用范围和方式，以防数据滥用和泄露。

3. 加强数字化转型升级

数字技术的快速发展和应用，对实体经济转型升级提出了新的要求。因此，需要加强数字化人才的培养引进，提高数字化技术和应用水平，推广数字化思维，促进数字经济和实体经济的深度融合。

加强数字化转型升级具体需要做好以下工作：

加强数字化人才的培养引进。数字化转型升级需要大量数字化人才，政府可以加大对数字化人才的培养引进力度，鼓励高校和企业开设相关专业，开展数字化培训教育，培养数字化人才；同时，制定相关政策，吸引国内外优秀的数字化人才加入数字化转型升级的队伍。

提高数字化技术和应用水平。数字化技术和应用水平的提高是数字化转型升级的关键。为了提高数字化技术和应用水平，需要制定数字化转型战略，建立数字化基础设施，推广数字化工具和应用，加强信息安全保护，鼓励企业开展数字化建设。

推广数字化思维。数字化思维是指以数字技术为基础，运用数据分析、人工智能等工具和方法，解决问题和制定决策的思维方式。推广数字化思维可以帮助企业和个人更好地适应数字化时代的需求，提高工作效率和创新能力。通过数字化转型升级，企业可以实现业务流程的优化和智能化，提升竞争力。同时，推广数字化思维也能够促进社会的发展和进步，推动科技创新和社会变革。政府可以通过宣传推广数字化思维，鼓励企业和个人增强数字化转型升级意识，推动数字化创新和创业，推动数实深度融合。

多方开拓数据服务提供商的业务领域

多方开拓数据服务提供商的业务领域是数实融合的重要组成部分。数据服务提供商可以为政府、企业和个人提供数据采集、处理、存储、分析和应用等服务，促进数据的共享和流通，推动数字经济和实体经济的深度融合。

多方开拓数据服务提供商的业务领域，具体可以从提供哪些业务和如何开拓业务领域两方面展开：

1. 数据服务提供商提供的服务

数据采集和处理是核心业务之一，是数据服务的基础。数据采集是通过传感器、监测设备、软件等收集包括环境数据、交通数据、气象数据、医疗数据、金融数据等，为后续的数据处理、分析和应用提供支持。传感器和监测设备是数据采集的重要方式，主要采集各种环境数据、工业数据、交通数据等。例如，智能家居中的温度传感器和湿度传感器可以采集室内环境数据，工业设备中的传感器可以采集机器状态数据，交通监测设备可以采集交通流量数据等。软件和应用程序通过网站、手机应用、电子商务平台等采集用户数据、交易数据、产品数据等。例如，电商平台采集用户的购物数据和浏览数据，社交媒体平台采集用户的社交行为数据，医疗应用程序采集用户的健康数据等。采集的大量实时数据和用户数据为后续数据处理和应用提供支持。数据采集后可能存在噪声、缺失、异常等问题，需要进行数据清洗和转换，提高数据的质量和可用性。通过去除数据中的噪声、重复和不一致的部分，能够提高数据的准确性和一致性，将数据从一种格式或类型转换为另一种格式或类型，以便后续的数据分析处理和应用。例如，将原始数据转换为结构化数据、将文本数据转换为数字数据等。利用数据分析和挖掘，可以将采集到的数据通过各种数据分析工具和技术深入分析、挖掘和提取出有用的信息和知识，如趋势、关联、异常、预测等，为后续应用和政府、企业和个人做出更加准确的决策提供支持。

数据存储和管理，是政府、企业和个人随着数据量的增加和来源的多样化需要安全高效地系统存储管理大量数据和提供查询服务，包括云存储、数据库管理、数据备份和恢复等。云存储是数据在云端进行存储和管理，用户通过互联网访问云存储数据，其具有高可用性、高可靠性、高扩展性、高安全性等特点，是数据存储和管理的主流方式之一。云存储服务包括云硬盘、对象存储、文件存储等。数据库管理是对数据进行组织、存储、管理和查询的过程。数据库管理服务包括关系型数据库、文档型数据库、图形数据库等。数据库管理可以提高数据的可靠性、可用性和安全性，为政府、企业和个人提供高效的数据管理和查询服务。数据备份和恢复是将数据备份到其他存储介质，防止数据丢失或损坏，并通过备份数据来恢复丢失或损坏的数据。数据备份和恢复服务包括本地备份、云备份、灾备等。数据查询和分析服务包括 SQL 查询、数据分析工具、数据挖掘技术等，为政府、企业和个人提供高效的数据查询和分析服务，帮助他们做出更加准确和有用的决策。

数据分析和应用可以为政府、企业和个人从大量的数据中提取有用的信息和知识，以支持决策和业务应用，包括数据挖掘、机器学习、人工智能、可视化分析、数据应用等。数据挖掘是从大量数据中发现隐藏的模式、趋势、关联等信息的过程。聚类、分类、关联规则挖掘等数据挖掘技术能从海量数据中提取有用的信息和知识，为政府、企业和个人提供准确的数据服务。机器学习是基于数据构建模型，对新数据进行预测和分类的技术。机器学习算法和技术如决策树、神经网络、支持向量机等可从大量数据中学习模型，用于预测、分类、回归等任务。机器学习服务于各个领域，如金融风控、医疗诊断、智能交通等。人工智能是基于数据和算法构建智能系统的技术，包括自然语言处理、图像识别、语音识别等，从大量数据中提取有用的信息和知识，构建智能系统，提供智能数据服务。可视化分析是将数据以图表、地图、仪表盘等形式展示出来，便于用户理解和分析数据。可视化工具和技术服务如 Tableau、Power BI、D3.js 等，将大量的数据以可视化的方式呈现出来，提供更直观易懂的数据服务。数据应用是将从大量数据中提取出的有用信息和知识应用于实际业务中，以支持决策和业务发展。

数据安全和隐私保护包括数据加密、数据权限控制、数据监管、隐私保护、安全培训和教育等。数据加密是将数据转换成密文，以保证数据在传输和存储的过程中不被非法获取和使用。数据加密服务包括对数据传输加密、对数据存储加密等。数据权限控制是对数据访问权限进行控制，以保证只有被授权的人员可以访问数据。数据权限控制服务包括基于角色的权限控制、基于用户的权限控制等。数据监管是对数据进行实时监控和管理，以及对数据的使用进行审计和追踪，防止数据的滥用和泄露。数据监管服务包括数据审计、数据追踪等。隐私保护是指对政府、企业、个人拥有或收集的个人信息的安全性、完整性、保密性进行保护，包括个人身份信息、财产信息、健康信息等。隐私保护服务包括数据脱敏、匿名化、数据遗忘等。数据安全培训和教育服务包括数据安全和隐私保护的知识普及、安全操作培训等，帮助政府、企业和个人增强数据安全和隐私保护的意识和素养。

数据交换和共享是让在不同地方使用不同媒介、不同计算机的用户能读取他人数据并进行各种操作、运算和分析。数据交换和共享服务包括数据集成、数据格式转换、数据共享平台、数据交换协议、数据开放平台等。数据集成是将不同来源的数据整合进行分析应用。数据集成服务包括数据清洗、数据抽取、数据转换等。数据格式转换是将不同格式的数据进行转换，以便于在不同系统之间进行交换和共享。数据格式转换服务包括数据编码转换、数据格式转换等。数据共享平台是一种创新工具，旨在打破数据孤岛，促进不同组织之间的数据共享合作。数据共享平台服务包括数据安全控制、数据权限管理、数据访问控制等。数据交换协议是规定数据交换双方之间数据交换方式和数据格式的协议。数据交换协议服务能够帮助政府、企业和个人规范数据交换流程，保证数据交换的高效性和安全性。数据开放平台为政府和企业提供可靠的数据开放服务，促进数据资源的共享和利用，便于公众和其他组织使用数据资源。数据开放平台服务包括数据开放政策的制定、数据开放平台建设、数据开放指导等。

2. 数据服务提供商业务领域的开拓

深入了解数字中国建设的目标和需求。了解数字中国建设的战略规划和重点领域，确定数据服务在其中的应用场景和需求。

市场调研。了解当前数据服务市场的需求和趋势，确定有潜力的业务领域。可以通过行业报告、市场调查、与潜在客户交流等方式获取信息。

产品定位。根据市场调研的结果，确定数据服务提供商在目标业务领域的定位和差异化竞争策略。

技术创新和能力提升。不断跟进数据技术的发展，提升数据分析、挖掘和处理的能力。投资研发团队，引入新的技术工具和算法，提供更高级和创新的数据服务。

与政府和企业合作。与政府部门和企业建立合作伙伴关系，共同开发数字中国建设的项目。通过与政府合作，可以获取更多的数据资源和项目机会。

行业拓展和定制化服务。根据数字中国建设的需求，可以通过与不同行业的企业合作，提供定制化的数据服务解决方案，满足各行各业的需求。

市场推广和品牌建设。通过市场营销手段，提升数据服务提供商的知名度和影响力。可以通过建立专业网站、参加行业展会、发布行业报告等方式进行宣传和推广。

总之，多方开拓数据服务提供商的业务领域需要深入了解数字中国建设的市场需求，与政府和企业合作，与潜在客户合作，不断创新和提升技术能力，保障数据安全，同时进行有效的市场推广和品牌建设。

决胜数实融合，企业数字化转型势在必行

随着数实融合的加速推进，数据正成为新的生产要素，企业数字化转型任重道远。决胜数实融合，首先看企业积累的业务数据和价值数据，其次看企业是否能充分释放数据价值。企业可以让数字化深入关键业务和核心流

程，用数据驱动业务创新，培育新的业务模式和增长点。数据潜在价值空间巨大，可以驱动企业提质增效，加速换新升级。下面从三个方面进行讨论：

1. 数实融合的重要性

数实融合是数字化时代加快共同富裕，实现高质量发展的必然选择。数字经济与实体经济的深度融合，是打造数字化生产力、推进全产业链数字化转型升级的必由之路，是构建现代化经济体系的必然选择。数字经济与实体经济的深度融合，有利于以数字技术为抓手，重组经济要素资源、重塑传统产业结构、重构产业链供应链。尤其是对中小微企业而言，加快数实融合可以降低生产经营成本、拓展产品营销范围，为生产、经营、管理等各方面带来全新的思维和理念，为企业实现扭亏为盈提供转型升级、化危为机的新机遇，对正处于下行压力下的实体经济产生重大而深远的推动效应。

数实融合可以提高企业生产和运营的效率。通过数字化应用，实体经济与数字化技术相结合，企业可以实现信息共享和流程优化，如通过建立数字化供应链管理系统，业务流程自动化智能化、精细化管理等，提高生产效率、降低成本、减少人工失误率，提高产品质量。例如，在智能制造领域，企业可以利用物联网、大数据、人工智能等数字技术，实现生产过程的自动化和智能化，提高生产效率和产品质量；在零售业领域，企业可以通过移动支付、电子商务和智能物流等技术，实现线上线下的无缝衔接，提供更便捷的购物体验。

数实融合可以拓展企业的市场和业务领域。数字技术的发展和普及，带来了新的商业模式和商业机会。通过数字化转型，企业可以更好地利用数字技术，开发新产品、新服务，开拓新市场和业务领域，创造新的商业价值。例如，企业数字化营销，通过社交媒体、移动应用等渠道，将产品和服务推向更广泛的消费者群体。企业数字化供应链，通过优化供应链管理，提高整个产业链的效率和效益。数实融合可以优化市场竞争力，通过数字化转型，企业将更好地适应数字经济的发展趋势。数字化时代企业的竞争力不再只是局限于产品和价格，更多的是体现在技术和服务上。企业要在竞争中占据优势，需要不断地推进数字化转型，通过数字技术提升产品的附加值和用户体验、优化产品和服务。例如，通过建立数字化客户关系管理系统，企业可以更好地了解客户需求，提供个性化的产品和服务，增强客户黏性和忠诚度。

数实融合可以优化传统产业结构，改变企业的商业模式和市场格局。通过数字技术的应用，传统实体经济可以与互联网、人工智能、区块链等新兴技术结合，创造出全新的商业模式和服务方式。例如，传统农业可以借助物联网和大数据技术，实现精准农业和智慧农业，提高农产品的生产效率和质量；传统金融可以与区块链技术结合，推出去中心化的金融服务，提高金融交易的安全性和效率。

数实融合可以推动数字经济发展。数字经济是未来经济发展的新引擎，是全球经济发展的重要趋势，它打破了传统经济的边界，促进资源优化配置和创新驱动。数实融合可以提升数字经济的国际竞争力，通过数字技术的应用，企业可以拓展国际市场，实现全球资源的整合和合作。数实融合还可以促进创新和创业。它可以促进传统实体经济的转型升级，在提高经济的竞争力和创新能力的同时，推动数字经济的快速发展。数实融合可以促进资源的高效利用和共享，打破了传统产业的壁垒，实现了产业链的协同发展。通过数字技术的应用，创业者可以利用互联网平台和大数据分析技术，快速验证和推广创意和创新产品。同时，数字技术也为创业者提供了更多的商业机会和市场空间，促进了创新创业的繁荣发展。

综上，数实融合具有重要意义。它不仅可以促进企业提高运营效率，实现自动化智能化生产，降低生产成本，提高产品交付速度和质量，拓展市场和业务领域，促进传统实体经济的转型升级，提高竞争力和创新能力，还可以推动新业态的发展和创新创业的繁荣。通过数实融合，我们可以实现数字经济的快速发展，推动经济的可持续增长。

2. 数字化转型的关键要素

数字化转型的关键要素包括以下几个方面：

在基础设施方面，数字化转型需要建立先进的基础设施，包括云计算、大数据、人工智能、物联网、区块链等。企业需要投资和建设适应数字化转型需求的硬件设备、软件工具和网络基础设施，以提升数据处理和分析的能力。这些设施可以帮助企业优化业务流程，提高效率和质量，降低成本和风险，增强企业的竞争力。

在战略规划和目标设定方面。数字化转型需要有清晰的战略规划和目标设定。企业需要明确数字化转型的愿景和目标，并制订相应的战略和计划。这包括确定数字化转型的重点领域和优先级，确定实施计划和时间表，以及评估和监测转型过程的进展和成果。

在数据驱动决策方面，数字化转型的关键是数据，企业需要建立起完善的数据采集、存储、处理和分析系统，通过分析挖掘数据，获取有价值的信息，从而支持决策的制定、执行和创新。企业需要建立数据驱动文化，培养数据思维和数据分析能力，将数据应用于各个层面的决策过程。

在用户体验和创新方面，数字化转型需要关注用户体验和创新，企业需要通过数字技术和创新的方式，提供更好的产品和服务，满足用户的需求和期望。这包括优化用户界面和交互设计，提供个性化和定制化的服务，以及探索新的商业模式和增值服务。

在人才培养方面，数字化转型需要拥有一支具备数字化思维和技能的专业团队，包括数据科学家、软件工程师、用户体验设计师、数字化营销专家等。企业需要通过培训、招聘、激励等手段吸引和留住这些人才，让他们成为企业数字化转型的重要推动力量。

在组织和文化变革方面，数字化转型需要企业进行组织架构变革，将数字化思维融入到企业的文化和管理体系中，建立灵活、敏捷的组织结构和流程，打破部门之间的壁垒，促进信息和知识的共享和协同。企业需要重新定义业务流程、角色定位、绩效评估等，培养数字化思维和技能，提升员工的数字化素养，以适应数字化转型所带来的变化和挑战。

在合作与生态系统方面，企业需要与外部生态系统建立更紧密的合作关系，包括供应商、合作伙伴、客户等，以共同推动数字化转型的进程。

在持续学习和创新方面，数字化转型是一个不断演变和进化的过程，企业需要保持持续学习和创新的态度。这包括关注新兴数字技术和趋势，不断探索应用新的工具方法，以及与行业内的领先者和专家保持紧密的联系和合作关系。

综上，数字化转型的关键要素包括技术基础设施、战略规划和目标设定、数据驱动的决策、用户体验和创新、人才培养、组织和文化变革、合作与生态系统，以及持续学习和创新。企业需要综合考虑这些要素，根据自身情况和需求，制订适合自身发展的数字化转型策略和计划。同时，数字化转型需要领导层的支持和承诺，以及全员参与和共同努力。

3. 数字化转型的挑战

数字化转型带来了巨大机遇，也面临着许多挑战，具体情况如下：

在技术复杂性方面，数字化转型涉及新的技术工具，需要具备专业知识技能的人才来实施管理，需要选择合适的技术平台，确保与现有系统兼容。企业需要投入一定的时间和资源来培训或雇用专业人员来应对技术复杂性。同时，技术的快速发展也意味着企业需要不断技术迭代。

在组织变革管理方面，数字化转型通常需要对组织文化进行调整和变革，重新建立一种创新和变革的文化。这可能涉及鼓励员工尝试新事物、拥抱失败并持续学习的文化改革，可能涉及改变工作流程、角色和责任分配，以及推动员工接受新的工作方式和思维方式。这种变革可能会遇到抵制和阻力，需要领导层的支持和有效的变革管理策略。在领导力与战略方面，数字化转型需要强有力的领导力和明确的战略。组织的领导者需要展现出对数字化转型的承诺，并确保整个组织认识到其重要性和紧迫性。在组织结构调整方面，数字化转型可能需要组织调整结构，以支持新的业务模式和流程。这可能包括重新分配资源、调整职责、建立新的部门或团队。

在数据质量和整合方面，数字化转型依赖于数据的收集、存储和分析，因此，数据的质量和准确性至关重要，企业需要确保数据的完整性和可靠性，以便做出准确的决策。在数据整合管理上，由于数字化转型过程中，组织需要有效地整合和管理大量不同来源、格式和类型的数据，因而需要构建新的数据管理系统和平台。

在资金和资源限制方面，数字化转型可能需要大量的资金和资源投入，包括购买和维护技术设备、培训员工、进行市场推广等。组织需要确保投资的合理性和可持续性，需要评估和管理投资的风险，并对预期的回报进行合理的预估。需要制定合理的预算和资源分配策略，建立合适的评估和监控机制，以确保投资能够带来预期的收益和价值。

在竞争压力和市场变化方面，数字化转型是全球性趋势，已经成为许多行业的标准，这意味着企业需要制定明确的数字化战略，不断创新和改进，提供更好的数字化解决方案，以保持竞争优势。同时，由于市场需求和技术不断变化，企业需要及时做出调整和适应，投入适当的资源和人才来支持转型。企业还需要与员工、合作伙伴进行积极的沟通和合作，共同推动数字化转型的成功。

在安全合规方面，数字化转型涉及大量数据和信息的传输和存储，这也增加了安全风险。企业需要采取适当的安全措施来保护数据免受黑客攻击、数据泄露或其他安全威胁。这可能需要投入额外的资源来建立强大的安全系统和培训员工。在法律与合规方面，随着数据和技术的应用增加，组织需要遵守相关的法律和合规要求。这可能涉及数据保护、知识产权、税收等方面的法律法规。

在业务流程重组方面，数字化转型通常需要对现有的业务流程进行重新设计和组织。这可能会导致出现一段不稳定期和调整期，需要企业有足够的耐心和灵活性来适应变化。

在人才需求和培训教育方面，数字化转型需要具备相关技能和知识的人才来支持和推动转型。数字化人才供不应求，企业可能面临招聘和留住人才的挑战。企业需要制定有效的人才招聘和培养策略，以确保有足够的人才来支持数字化转型。为了适应数字化转型，员工需要掌握新的技能知识；组织需要投资员工教育培训，以确保他们能够胜任新的职责任务。

总之，数字化转型是一项复杂的任务，涉及多个层面的挑战。组织需要充分了解这些挑战，并制定合适的策略和措施来应对。通过克服这些挑战，组织可以最大限度地发挥数字化转型的潜力，促进业务增长，提升竞争优势。

提升全民数字素养与技能

数字素养与技能，是数字社会公民在学习、工作和生活中应具备的数字获取、制作、使用、评价、交互、分享、创新、安全保障、伦理道德等一系列素质与能力的集合。提升全民数字素养与技能，是顺应数字时代要求，提升国民素质、促进人的全面发展的战略任务，是实现从网络大国迈向网络强国的必由之路，也是弥合数字鸿沟、促进共同富裕的关键举措。

1. 数字素养与技能

数字素养与技能，是数字社会公民运用数字工具和技术在数字环境中获取、理解、应用和评估信息的能力。个人数字素养与技能涵盖了以下几个方面内容：

计算能力，信息搜索和筛选能力，数据分析和解释能力，信息安全与隐私保护能力，内化的对数字敏感性、数字真伪和价值的认识，主动发现和利用真实、准确的数字的动机，分享真实、科学、有效的数据，以及主动维护数据的安全。在基础技能方面，了解数字技术的基本概念和原理，如计算机硬件和软件、网络和互联网、数据和信息等。这些技能是使用数字工具和技术的基础。在信息素养方面，包括信息搜索、评估、筛选和利用的能力。这方面技能涉及有效搜索和获取信息，评估信息的可靠性和准确性，将信息应用到实际问题中的能力。在数据素养方面，包括数据收集、整理、分析和可视化的能力。这方面的技能涉及熟练使用各种数字工具和应用程序，如办公软件、数据处理工具、图像和视频编辑软件等。在媒体素养方面，包括对数字媒体的理解和应用能力。这方面的技能涉及对数字媒体的创作、编辑和分享，以及对数字媒体的理解和批判性思维。在数字安全和隐私保护方面，了解数字安全和隐私保护的重要性，掌握基本的安全措施和防护方法，包括保护个人信息和网络安全的能力。这方面的技能涉及了解网络安全的基本知识，能够保护个人和组织的数字资产和隐私信息，以及识别和应对网络安全威胁。

数字思维包括在分析和解决问题时，主动抽象问题、分解问题、构造解决问题的模型和算法，善于迭代和优化，并形成高效解决同类问题的范式。在编程和算法思维方面，包括具备基本的编程能力和算法思维，理解基本的编程概念和语法，能够进行简单的编程和网站开发，实现自动化和定制化功能，以及运用算法思维解决问题。在协作和沟通方面，包括在数字环境中使用协作工具和平台进行团队合作，有效沟通交流，解决协作中的问题和冲突。

学习创新和解决问题，包括利用数字工具和技术进行创新和创造的能力。这要求不仅将数字化资源平台作为提升学习效率和生活幸福感的工具，还要将其作为探索和创新的基础，养成探索和创新的思维习惯，确立探索和创新的目标路线，逐步形成探索和创新的能力，同时形成团队精神。这方面技能包括能用数字工具和技术进行创新和解决实际问题，提高工作效率和创造力。例如使用设计软件进行创意设计、利用编程技能开发新的应用程序等。通过不断的学习和实践，积极利用丰富的数字化资源、广泛的数字化工具和泛在的数字化平台，进行开拓、探索和创新。

数字道德，包括在数字环境中，保持对国家的热爱、对法律的敬畏、对民族文化的认同、对科学的追求和热爱，主动维护国家安全和民族尊严，在各种数字场景中不伤害他人和社会，保护他人的权益和隐私，积极维护数字经济的健康发展秩序和生态。要求数字社会公民在数字时代发挥积极作用，树立正确的价值观和道德观，遵守法律法规和数字伦理规范，维护社会稳定和公共利益。

这些方面的数字素养与技能是相互关联的，是数字化时代必不可少的能力，通过综合运用这些技能，个人可以更好地适应和应对数字化时代的挑战和机遇。

2. 提升全民数字素养与技能的主要任务

根据《中共中央关于制定国民经济和社会发展第十四个五年规划和二〇三五年远景目标的建议》和《中华人民共和国国民经济和社会发展第十四个五年规划和 2035 年远景目标纲要》制定的《提升全民数字素养与技能行动纲要》指出，提升全民素质的主要任务和重点工程有：

在丰富优质数字资源供给方面，优化完善数字资源获取渠道，加快新型基础设施建设部署，加大适老化智能终端供给，加快推动信息无障碍建设，支持少数民族语言语音技术研发应用，开发设立数字素养与技能培训网站、移动应用程序；丰富数字教育培训资源内容；推动数字资源开放共享；开放公共数据资源，共享优质数字技能教学案例；促进数字公共服务普适普惠；建设和完善全国一体化政务服务平台，让企业和个人好办事、快办事，设立志愿者、引导员为群众提供指导和协助。

在提升高品质数字生活水平方面，培育智慧家庭生活新方式，提高全民使用智能家居产品的能力；提高智慧社区建设应用水平，优化智慧社区建设规划布局，建立健全社区基础设施和综合服务设施智能化建设与改造群众意见征求机制，提升智能安防、智能停车等设施的便捷易用性，提高社区服务精准化、精细化水平，建立社区数字技能公益团队，开展宣传推广；丰富新型数字生活场景，提高新型数字生活服务体验，提升居民数字资源使用意愿，营造数字生活氛围；开展数字助老助残行动，加强无障碍建设，保留人工服务渠道，防止出现强制性数字应用等违规行为，丰富数字技能培训形式和内容，推动形成社会各界积极帮助老年人、残疾人融入数字生活的良好氛围，构建全龄友好包容社会。

在提升高效率数字工作能力方面，提高产业工人数字技能，完善企业员工职业技能培训体系，培养数字领域高水平大国工匠，提升数字化生产能力；提升农民数字技能，构建现代农业科教信息服务体系，优化完善全国农业科教云平台，持续推进农民手机应用技能培训工作，提高农民对数字化"新农具"的使用能力，推动数字服务和培训向农村地区延伸；提升新兴职业群体数字技能；开展妇女数字素养教育与技能培训，加强妇女通过网络参与经济生活的能力；提升领导干部和公务员数字治理能力。

在构建终身数字学习体系方面，提升学校数字教育水平，设立信息科技相关的必修课程，加大相关领域数字教学资源储备，全面推进数字校园建设；完善数字技能职业教育培训体系，加强职业院校数字技能类人才培养，加大数字技能职业培训力度；建设数字技能认证体系与终身教育服务平台，搭建国家级数字技能终身教育服务平台。

在激发数字创新活力方面，打造企业数字化竞争力，发挥行业龙头企业在新一轮科技革命和产业变革中的引领和示范作用，加快完善面向中小企业员工的数字化服务体系；探索数据驱动科研新范式，探索数据密集型科研范式，支持国家科学数据中心建设，形成大数据驱动的科研创新模式。

在提高数字安全保护能力方面，提高全民网络安全防护能力；强化个人信息和隐私保护。

在强化数字社会法治道德规范方面，引导全民依法规范上网用网，加强网络空间生态治理，规范网络传播秩序；提高全民网络文明素养，建立完善网络文明规范，推动全社会形成文明办网、文明用网、文明上网、文明兴网的共识；强化全民数字道德伦理规范，加强道德示范引领，深化网络诚信建设。

3. 提升数字素养与技能的途径和方法

数字化时代的个体，数字素养意味着更好地面对数字化生存方式，有持续学习和实践的能力，关注数字化最新趋势，持续交流分享，提升自己的数字素养与技能。可以从以下具体方面入手：

学习数字化技术和工具。可以通过在线平台、培训班、自学等方式学习数字化工具和技术，选择一些知名的在线教育平台，或者参加一些线下的培训班和工作坊。利用互联网、观看教学视频、参与在线论坛和阅读相关书籍等方式自学相关数字技术，例如数据分析、编程、设计、数字营销等。通过实践和项目经验来巩固和应用所学的知识和技能。

参加数字活动和社区。参加数字化领域的会议、讲座、沙龙等，与业内人士交流学习，了解数字化领域的最新进展，参加数字化领域社区，例如开源社区等，与其他数字化从业者进行互动和交流，分享经验和资源。

持续关注数字化领域最新趋势。数字化领域更新速度非常快，需要保持学习态度，跟进最新发展趋势，通过订阅数字化领域新闻、阅读相关书籍论文等，不断提高自己的数字素养与技能。

寻求指导和反馈。寻求专业人士或有经验的人的指导和反馈，从他们的经验中学习和改进。可以参加导师制度或找到合适的学习伙伴，与他们交流和分享经验。

实践和应用。将学到的知识和技能应用到实际问题中，通过参与实践和项目经验来锻炼实际操作和应用技能的能力，巩固和提升数字素养与技能。例如通过数据分析、数字化营销等，锻炼自己的数字化技能等。

总之，个人提升数字素养与技能需要不断地学习、实践、与他人交流。选择适合自己的学习途径和方法，持续学习和跟进发展，积极参与社区活动，不断提升自己的数字素养与技能。

数字化思维是社会需要

2023 年，我国数字经济进入全新发展阶段，数字化正全面接轨社会经济发展和社会生态治理。社会需要全面推广数字化思维，研究数字经济发展规律，培养数字化人才，服务我国数字经济发展。

1. 数字化思维的概念和特点

数字化思维，是指在数字化环境下，通过数字化工具和数字化信息，以数据驱动的方式进行思考和分析的能力。

数字化思维的特点如下：

（1）数据性。数字化思维强调基于数据的决策和分析。它鼓励人们收集、整理和分析大量的数据，从中发现模式、趋势和关联，以支持决策、解决问题。

（2）抽象性。数字化思维能够将事物转化为符号和抽象概念，并通过数字化手段进行处理和运算，进而推导出结论。

（3）系统性。数字化思维能够将多个元素组合成一个系统，并通过数字化手段进行模拟和分析，以便于理解和优化系统。

（4）协同性。数字化思维能够通过数字化工具和平台，实现多人协同工作和沟通，促进信息共享和知识创新，提高工作效率和成果质量。

（5）创新性。数字化思维能够通过数字化工具和技术，发掘新的机会和创新点，提高解决问题的能力和效率，促进个人和组织的创新发展。

（6）灵活性。数字化思维强调快速响应和适应变化。它认为数字化时代变化迅速，人们需要具备敏捷和灵活的思维，才能够快速调整和适应新的情况和需求。

（7）跨界性。数字化思维鼓励跨界合作和跨学科的思考。它认为数字化时代的问题往往涉及多个领域和学科，需要不同领域的专业知识和技能的综合运用。

（8）用户导向性。数字化思维强调以用户为中心的思考。它认为数字化技术和工具的发展使用户变得更加重要，人们需要理解用户需求和体验，以提供更好的解决方案和服务。

（9）批判性。数字化思维鼓励批判性思考和分析。它认为在数字化时代，人们需要具备辨别和评估信息的能力，以做出明智的决策和判断。

（10）解决问题性。数字化思维强调解决问题的能力。它鼓励人们运用数字技术和工具，以及数据和信息的分析能力，找到创新的解决方案，解决复杂的问题。

（11）持续学习性。数字化思维认为学习是一个持续的过程。在数字化时代，技术和工具的更新迅速，人们需要不断地学习、适应新的技术和工具，以保持竞争力。

（12）风险意识性。数字化思维强调风险意识和风险管理。在数字化时代，网络安全和隐私问题日益突出，人们需要具备识别和管理风险的能力，保护自己和他人的利益。

（13）创造价值性。数字化思维鼓励人们创造价值和影响力。它认为，人们可以通过创新的思维和方法，利用数字化技术和工具，创造新的价值和影响。

总之，数字化思维是在数字化时代中，人们对问题和挑战的思考方式和方法。它具有数据驱动、系统协同、创新解决、灵活抽象、跨界合作、用户导向、风险意识、批判思维、持续学习、创造价值等特点。这些特点帮助人们更好地应对数字化时代的挑战，发现机遇，创造价值。

2. 数字化思维在不同领域中的应用

数字化思维已经广泛应用于我们工作和生活的各个领域。

在政府和公共服务领域，数字化思维可以提高政府决策和公共服务的效率和透明度。通过数字化技术和电子政务平台，政府可以更好地与公民进行互动和沟通，提供在线申请和办理服务，实现政务信息的公开和共享。在城市规划和智慧城市建设中，可以提高城市的可持续发展和居民生活质量。通过数字化技术和大数据分析，城市规划者可以更好地了解城市的交通流量、能源消耗等情况，优化城市规划和资源配置，提供更智能化和便利的城市服务。

在教育领域，可使用数字化工具和数字化信息进行教学，培养学生的数据分析和创新思维能力，帮助学生更好地应对信息时代的挑战等。

在医疗领域，数字化思维可以提高医疗服务的效率和质量。通过电子病历和远程医疗技术，医生可以更好地管理患者的健康状况，并提供个性化的医疗建议和治疗方案。

在企业管理领域，数字化思维的应用包括数据分析和决策、数字化营销、数字化生产和数字化服务等方面。企业可以运用数字化工具和技术，实现市场需求的数据分析和精准预测，提高决策的准确性和效率，提升营销、生产和服务的水平和效果，优化资源配置和供应链管理。

在社交媒体领域，数字化思维可被应用于分析用户数据、优化用户体验、推广和营销等方面。社交媒体平台可以通过数字化工具和技术，对用户数据进行分析，了解用户需求和偏好，优化用户体验，提高用户满意度。同时，数字化思维也能够帮助企业实现社交媒体平台的推广和营销，吸引更多的用户和关注度。

在金融领域，数字化思维可以提高金融服务的效率和安全性。通过数字化技术和人工智能算法，银行可以更好地进行风险评估和信用评级，提供个性化的金融产品和服务，同时加强网络安全和防范金融欺诈。

在个人生活领域，数字化思维的应用包括使用数字化工具管理日程、处理信息、保护隐私等方面。人们可以通过数字化工具和技术，快速高效地管理自己的日程和任务，处理信息和进行沟通，保护个人隐私和信息安全。

总之，数字化思维已经成为现代社会不可或缺的一部分。它在不同领域的应用将会不断地丰富和扩展，促进科技发展和社会进步。

3. 企业建立和培养数字化思维的途径和方法

企业需要建立和培养数字化思维，以适应数字化转型的快速发展，提高生产效率和质量，加强决策，推动企业创新。为此，企业可以采取以下措施：

制定数字化战略规划，培养创新思维和数字化思维，提供数字化技术和工具，为员工提供必要的数字化资源，寻求内外部合作伙伴。

建立数字化文化和价值观、数字化创新团队机制、跨部门合作机制、行业一体化生产经营管理平台、数字化项目管理方法、数字化绩效指标和激励认可机制、数字化反馈机制、数字化持续改进机制、数字化风险管理机制、数字化评估机制、数字化知识管理系统、数字化创新实验室、数字化培训计划、数字化导师制度、数字化案例库、数字化思维创新基金、数字化沟通渠道、数字化社区和交流平台。

持续关注行业和最新市场，持续学习分享，鼓励自学探索，鼓励提出数字化创新和改进想法，参与外部数字化会议、培训，参与数字化项目和倡议，持续监测评估数字化发展和应用效果，推广数字化工具和技术（如DataV、Quick BI 等大数据分析展示工具，ChatGPT、Bing、Bard 等人工智能系统）、推广和优化数字化实践。

这一系列措施只要落实到位，就可以很好地帮助企业建立和培养数字化思维，适应数字化时代的新要求，同时，也可以很好地提高企业生产效率和质量，促进企业创新发展。在数字化思维的推广过程中，企业注重培养员工的数字化素养和思维能力，建立数字化平台和机制，提供数字化工具和技术支持，将加快推动数字化转型的实践和应用。

第六章
数字中国建设落到实处的
必要方略

对于数字中国建设的落地实施，《规划》强调，要加强整体谋划、统筹推进，把各项任务落到实处。并指出，要在组织、机制、资金、人才、社会氛围等方面采取必要方略，以助力数字中国建设的实施，推动数字技术在各领域的广泛应用和数字经济的健康发展。

加强组织领导，各有关部门形成工作合力

加强组织领导是数字中国建设顺利进行的重要保障。充分发挥中央和地方党委网络安全和信息化委员会的作用，健全议事协调机制，明确责任，强化资源整合和力量协同，形成工作合力，推动数字中国建设全面发展。

1. 坚持和加强党对数字中国建设的全面领导

在数字中国建设中，党的领导是最根本的保证和核心力量。加强党对数字中国建设的全面领导，是落实全面从严治党要求的必然要求，是推动数字中国建设的坚强保障。

加强党对数字中国建设的全面领导，要求全面贯彻党的思想、政治路线、组织路线和各项制度。要强化党的组织领导，建立健全数字中国建设的组织体系，确保各级党组织在数字中国建设中起到领导和推动作用。要加强思想政治引领，坚持用习近平新时代中国特色社会主义思想武装头脑，引导广大干部群众认清数字中国建设的战略意义和重要性，增强数字中国建设的思想自觉和行动自觉。要完善数字中国建设的制度体系，加强数字治理和数字安全等方面的制度建设，提高数字化转型的治理能力和水平。

加强党对数字中国建设的全面领导，要求加强党的干部队伍建设。要坚持党管干部原则，加强数字领域干部的培养和选拔，选拔具有数字化技术和管理经验的优秀干部担任数字领域的领导，提高数字化治理能力和水平。要加强党性教育和党风廉政建设，提高数字领域干部的政治素质和廉洁自律意识，确保数字中国建设的干部队伍的清正廉洁、勤政为民。

加强党对数字中国建设的全面领导，要求坚持以人民为中心的发展思

想，将人民群众的利益放在首位。要注重数字化转型的民生效益和社会效益，推进数字经济、数字政务、数字文化、数字社会、数字生态文明、数字安全等领域的发展。要为人民群众提供更加优质、高效、便捷的服务。

加强党对数字中国建设的全面领导，要求坚持开放合作的理念，积极推进数字领域的国际合作。数字化转型是全球性的趋势，中国数字化转型的成功实践，需要与其他国家和地区加强交流和合作，共同推动数字领域的国际合作和互惠共赢，建立数字丝绸之路，促进数字经济、数字技术、数字文化等领域的交流和合作，推动数字化转型的共同繁荣和发展。要加强与世界各国数字化转型的沟通和合作，积极参与国际数字治理和数字安全等领域的合作，推动数字化转型的全球性发展和共同繁荣。

2. 加强数字化发展的组织领导，建立协同机制，明确责任

数字中国建设是一个复杂的系统工程，需要各个部门充分协同合作，共同推进。为此，需要在组织领导方面健全议事协调机制，明确责任，确保数字化发展任务得到落实。具体来说，需要做到以下几点：

充分发挥地方党委网络安全和信息化委员会作用。各地方党委网络安全和信息化委员会是数字中国建设的重要组成部分，需要充分发挥其作用，加强对数字中国建设的地方领导和协调。地方政府应该成立专门的数字化发展领导小组，由地方党委书记担任组长，负责数字化发展的统筹协调工作，确保每一项具体任务都得到落实。

建立健全的议事协调机制。各部门之间需要建立健全的议事协调机制，明确各部门的职责和任务，加强信息共享和沟通，协调解决数字化发展中的重大问题和矛盾，确保数字化发展的各项任务得到有序推进。

将数字化发展摆在本地区工作重要位置，切实落实责任。地方政府要将数字化发展摆在重要位置，明确责任，确保落实。地方政府可以制订数字化发展规划和行动计划，建立数字化发展的考核评估机制，明确责任人和责任部门，加强数字化发展的跟踪监督。

建立健全数字中国建设的统筹协调与监测评估机制

健全数字中国体制机制是数字化发展的关键环节之一。数字化发展是涉及多个领域和部门的复杂系统工程，需要建立健全的体制机制，推动各部门之间的协同联动，确保数字化发展的顺利进行。具体应该从以下几个方面加强体制机制建设：

1. 建立健全数字中国建设统筹协调机制

数字中国建设需要多个部门之间的协同和配合，需要建立健全的统筹协调机制：

政府部门的协调机制。政府部门是数字中国建设的主要负责单位，需要建立数字中国建设的统筹协调机制。在这个机制下，应当设立数字中国建设的协调领导小组，由国务院亲自挂帅，牵头协调数字中国建设各方面的工作。同时，应当设立数字中国建设的工作专班，成员由各相关部门的领导和技术专家组成，负责数字中国建设的具体实施工作，协助协调领导小组的工作。

企业和学术界的协调机制。数字中国建设需要政府、企业、学术界三者之间的协同合作。为了加强企业和学术界在数字中国建设中的协作，可以建立数字中国建设的企业和学术界的协调机制。在此机制下，应当设立数字中国建设的企业和学术界协调小组，由企业和学术界的代表组成，负责协调数字中国建设的相关工作，推动数字中国建设的顺利实施。同时，可以建立数字中国建设的专家委员会，聘请相关领域的专家学者，为数字中国建设提供技术支持和智力支持。

社会各界的协调机制。数字中国建设还需要社会各界的广泛参与和支持。为了加强社会各界在数字中国建设中的协作，可以建立数字中国建设的社会各界协调机制，应当设立数字中国建设的社会各界协调小组，由社会各界的代表组成，负责协调相关工作。同时，可以建立数字中国建设的咨询委员会，聘请社会各界的知名人士和专家学者，为数字中国建设提供咨询和指导。

2. 及时研究解决数字化发展过程中的重大问题

数字化发展是一个复杂的系统性工程，涉及多个领域和方面，难免会出现一些重大问题。及时研究解决数字化发展过程中的重大问题，对于推动数字化转型具有重要意义。

解决数字化发展过程中的重大问题，需要采取科学合理的策略，具体包括：

加强政策引导，制定数字化转型的战略规划，明确数字化转型的发展目标和路径。

加强技术研究，打破技术瓶颈，提高数字化转型的技术能力和水平。

加强人才培养，建立数字化人才培养体系，引进和培养高素质的数字化人才。

加强数字安全保障，建立数字安全保障体系，加强数字化安全技术研究和应用。

加强社会参与，广泛听取社会各方面的意见和建议，积极解决数字化转型过程中的社会问题，推动数字化转型与社会的和谐共处。

3. 推动跨部门协同和上下联动

数字化发展需要各部门之间的协同和联动，要建立跨部门协同机制，加强沟通协作，形成合力。

为了实现部门协同，需要采取以下措施：加强部门之间的沟通和协调，明确各部门的职责和任务；制订数字化发展的工作计划和时间表，确保各部门按照计划有序推进；建立数字化发展工作小组，由各部门代表负责数字化发展的具体实施工作，协调部门之间的工作关系；加强信息共享，建立数字化发展的信息共享平台，各部门及时共享相关信息，提高数字化发展的工作效率和准确性；加强培训和学习，提高各部门的数字化发展技能和能力，确保数字化发展的质量和效果。

为了实现上下联动，应采取以下措施：上级部门要提供政策指导，明确数字化发展的目标方向，为数字化发展提供有力的政策支持；下级部门要积极响应政策指导，按照上级部门的要求推进数字化发展进程；上下级部门之间要保持密切沟通，及时了解工作进展和相关问题，及时协调解决；上下级部门之间要加强学习培训，提高数字化发展的技术能力水平，共同推进数字化发展的实施落地；上下级部门之间要建立数字化发展的工作机制，明确各部门的任务职责，确保各项工作的顺利进行。

4. 抓好重大任务和重大工程的督促落实

抓好数字化发展过程中重大任务和重大工程的督促落实，是推动数字化转型的关键。数字化转型是一个复杂的系统性工程，需要各部门和各级领导的积极推进和督促落实。为此，建议采取以下措施：

加强组织领导。数字化转型需要各级领导的积极领导和推进，需要建立健全的组织领导机制。建议成立数字化转型领导小组，由相关部门和领导负责数字化转型的规划、实施和督促落实；明确数字化转型的工作目标和任务，制订数字化转型的工作计划和时间表，为数字化转型的顺利实施提供有力保障；加强数字化转型工作的督促和检查，及时发现和解决数字化转型工作中的问题难点，确保数字化转型工作的顺利推进。

加强政策支持。数字化转型需要政策支持，政策的制定和落实是数字化转型的前提。建议加强数字化转型政策的研究和制定，建立健全的数字化转型政策体系，为数字化转型提供相应政策保障；加强政策的宣传和解读，让相关人员了解政策的内容和意义，提高政策的实施效果；加强政策的监管和执行，确保政策落实到位，推动数字化转型的顺利实施。

　　加强资源保障。数字化转型需要投入大量的人力、物力和财力，需要加强资源保障。建议加强数字化转型人才的培养和引进，提高数字化转型的人才储备和能力；加强数字化转型技术的研发和应用，提高数字化转型的技术水平和能力；加强数字化转型投入的管理和监控，确保资源的合理配置和使用。

　　加强合作共赢。数字化转型需要各方的积极参与和合作，需要建立合作共赢的机制。建议加强政府和企业的合作，形成政企合力，推动数字化转型的顺利实施；加强企业内部各部门之间的合作，形成内部合力，提高数字化转型的效率和准确性；加强企业与相关行业、领域的合作，形成外部合力，提高数字化转型的影响力和竞争力。

5. 开展数字中国建设过程中的监测评估

　　数字中国建设是我国数字化发展的重要战略，为了确保数字中国建设的顺利实施和长期发展，需要开展数字中国建设过程中的监测和评估，以帮助政府和企业了解数字中国建设的进展情况和存在的问题，及时调整和优化数字中国建设的战略和方案，提高数字中国建设的质量和效果。下面是数字中国建设过程中开展监测和评估的建议：

　　建立数字中国建设监测和评估机制。该机制可以由政府、企业、学术机构等多方面合作建立，监测和评估范围应该包括数字化基础设施、数字经济、数字社会、数字政府等方面，形成全方位、多角度的数字中国建设监测和评估体系。

　　制定和完善数字中国建设监测和评估指标体系。指标体系应该包括数字化基础设施建设情况、数字经济发展水平、数字社会建设进展、数字政府建设成果等方面。该指标体系应该具有科学性、全面性、可操作性和时效性，为数字中国建设过程的监测和评估提供有力支持。

　　开展数字中国建设过程的定期监测和评估。监测和评估可以通过定期的问卷调查、实地调研、数据收集和分析等方式进行。通过监测和评估，可以及时发现数字中国建设过程中存在的问题和难点，以便及时调整和优化数字中国建设的战略和方案。

建立数字中国建设成果发布机制。数字中国建设成果可以通过数字中国建设官方网站、数字中国建设报告、数字中国建设成果展等方式发布。通过数字中国建设成果的发布，可以展示数字中国建设的成就和进展情况，吸引更多的社会力量参与数字中国建设。

6. 将数字中国建设工作纳入政绩考核

数字中国建设是我国推进经济社会发展和数字化转型的重要战略，政府部门和领导应该积极推进数字中国建设工作。将数字中国建设工作纳入政绩考核，可以推动数字中国建设工作的顺利实施和长期发展，提高政府部门和领导对数字化转型的重视度和责任感。下面是一些将数字中国建设工作纳入政绩考核的建议：

建立数字中国建设工作的考核机制。该机制应该由政府部门和领导共同建立，明确考核指标和考核标准，建立考核评分制度，并将数字中国建设工作的考核结果纳入绩效考核、晋升评定等方面。考核机制应该具有公开透明、公正公平、有约束力等特点，以激励政府部门和领导积极推进数字中国建设工作。

加强数字中国建设工作的督导和检查。政府部门和领导应该定期对数字中国建设工作进行现场督查，发现问题及时纠正和解决，确保数字中国建设工作的顺利实施。

建立数字中国建设工作的奖励机制。奖励机制可包括荣誉称号、个人奖励、集体奖励等形式，以表彰在数字中国建设工作中取得优异成绩的单位和个人。通过奖励机制，可以激励更多的政府部门和领导积极推进数字中国建设工作，提高数字中国建设工作的质量和效果。

创新资金扶持方式，加强对各类资金的统筹引导

资金投入是数字中国建设的重要保障之一。数字化发展需要大量的资金支持，需要创新资金扶持方式，加强对各类资金的统筹引导，鼓励引导资本规范参与数字中国建设，构建社会资本有效参与的投融资体系，以保障数字化发展的资金投入。具体来说，需做到以下几点：

1. 引导金融资源支持数字化发展

数字中国建设需要大量的金融资源支持。通过引导金融资源支持数字中国建设，可以提高数字中国建设的资金保障和可持续发展能力，推动经济社会发展和数字化转型。

建立数字中国建设专项资金。专项资金可以由政府出资或引导社会资本参与，用于支持数字化基础设施建设、数字社会建设、数字经济发展等方面的工作。专项资金可以采取贷款、投资、补贴等形式，以满足数字中国建设工作的融资需求，提高数字中国建设的资金保障和可持续发展能力。

鼓励金融机构为数字中国建设提供金融支持。金融机构可以通过发放贷款、提供融资租赁、发行债券等方式，为数字中国建设提供资金支持。政府可以制定相关政策，鼓励金融机构参与数字中国建设，加大对数字中国建设的金融支持力度。

加强数字中国建设项目的融资服务。政府可以建立数字中国建设项目融资服务平台，为数字中国建设项目提供融资咨询、融资评估、融资对接等服务。金融机构可以参与平台建设，为数字中国建设项目提供融资支持和服务，提高数字中国建设项目的融资成功率。

积极推动金融创新，拓宽数字中国建设的融资渠道。政府可以加强对金融创新的支持和引导，鼓励金融机构创新金融产品和服务，满足数字中国建设的融资需求。金融创新可以采用数字货币、区块链等技术手段，为数字中国建设提供更为便捷、高效、安全的融资渠道。

加强金融监管，保障数字中国建设的融资安全。政府应该加强对数字中国建设融资项目的监管和评估，保障数字中国建设的融资安全和风险可控。同时，金融机构应该遵守相关法律法规，加强风险管理和内部控制，防范融资风险。

2. 构建社会资本有效参与的投融资体系

数字化发展需要各种各样的资本支持，需要鼓励引导资本规范参与数字中国建设，构建社会资本有效参与的投融资体系。具体可采取以下措施：

（1）建立数字中国建设投融资平台。该平台可以由政府出资或引导社会资本参与，旨在为数字中国建设项目提供投融资对接、项目评估等服务。数字中国建设投融资平台应该具有公开透明、公正公平、高效便捷等特点，吸引更多的社会资本参与数字中国建设投融资，以提高资金保障，实现可持续发展。

（2）制定优惠政策，吸引更多的社会资本参与数字中国建设投融资。政府可以出台税收优惠、财政补贴等政策，鼓励社会资本参与数字中国建设投融资。同时，政府可以给予数字中国建设投融资项目优先审批、优先融资等优惠待遇，提高社会资本参与数字中国建设投融资的积极性。

（3）制定数字中国建设投资标准和评估体系。政府可以制定数字中国建设投资标准，规范数字中国建设投资行为。同时，应该加强对数字中国建设投资项目的评估，评估内容可以包括项目的技术可行性、经济可行性、社会效益等方面，以提高数字中国建设投融资的透明度和有效性，吸引更多的社会资本参与数字中国建设投融资。

（4）探索多元化投融资模式。政府可以引导社会资本采用股权投资、债权投资、融资租赁等方式参与数字中国建设投融资，拓宽数字中国建设融资渠道。同时，政府可以积极寻求与海外机构合作，吸引国际资本参与数字中国建设的投融资体系。

（5）加强对社会资本参与数字中国建设的监管。政府应该加强对社会资本参与数字中国建设的监管，规范社会资本投资行为，防范投资风险。同时，应该建立数字中国建设投融资项目的信息公示制度，公开数字中国建设投融资项目的基本情况、投资主体、资金用途、收益情况等信息，提高投融资的透明度和有效性。

3. 加强数字化企业的融资支持

数字化企业是数字中国建设的重要组成部分，通过加强数字化企业的融资支持，可以促进数字化企业的自身发展和经济社会的发展。

建立数字化企业融资平台。该平台旨在为数字化企业提供融资对接、项目评估等服务。数字化企业融资平台应该具有公开透明、公正公平、高效便捷等特点，以便于吸引更多的社会资本参与数字化企业的融资，促进数字化企业的发展。

多渠道拓展数字化企业融资渠道。数字化企业可以通过银行贷款、发行债券、股权融资等方式融资。政府可以制定优惠政策，鼓励银行加大对数字化企业的贷款支持力度；同时，政府可以积极探索股权融资、债券融资等多种融资方式，拓宽数字化企业的融资渠道。

加强数字化企业的信息披露和评级。数字化企业应该及时披露财务状况、经营情况、发展战略等信息，提高信息透明度，增强投资者信心。同时，可以引入第三方机构进行评级，提高数字化企业的信用评级，为数字化企业融资提供参考依据。

鼓励数字化企业与金融机构合作。数字化企业可以通过与银行、风险投资机构等金融机构合作，获得更为丰富的融资渠道和更多的融资支持。金融机构可以通过与数字化企业合作，获得更高的回报和更好的资产配置效果，实现双赢的局面。

加强数字化企业的创新能力和风险管理能力。数字化企业应该注重技术创新、产品创新和商业模式创新，提高企业的盈利能力和市场竞争力。同时，数字化企业应该加强风险管理，避免投资风险和市场风险，提高投资者的信心和融资成功率。

4. 提高金融服务的普及和效率

金融服务是数字中国建设的重要支撑和保障，通过扩大和提高金融服务的普及范围和效率，可以促进数字中国建设和经济社会的发展。

建立数字化金融服务平台。该平台可以由政府出资或引导金融机构参与，旨在为企业和个人提供数字化金融服务，包括支付结算、贷款融资、投资理财、保险服务等。平台应该具有公开透明、公正公平、高效便捷等特点，以利于数字化转型和经济社会的发展。

推进金融科技创新，提高金融服务效率。政府可以鼓励金融机构采用人工智能、区块链、云计算等新技术，提高金融服务的效率和便捷性。同时，政府可以支持金融科技企业的发展，推动金融科技创新，提高金融服务的质量和效率。

加强金融服务的监管和风险控制。政府应该加强对金融机构的监管，规范金融服务行为，防范金融风险。同时，金融机构应该加强风险管理和内控建设，提高金融服务的安全性和可靠性。

提高和扩大金融服务的普及率和覆盖面。政府可以采取多种措施，如建立金融服务网点、推广金融服务 App、开展金融服务宣传等，扩大和提高金融服务的覆盖面和普及率。同时，政府和金融机构应该加强金融教育和金融知识普及，提高公众对金融服务的认识和了解，提高金融服务的接受度和使用率。

建立金融服务质量评估机制。政府可以制定金融服务质量评估标准，对金融机构的服务质量进行评估，提高金融服务的质量和透明度。同时，金融机构也应该加强自身服务质量的评估和管理，提高服务质量和客户满意度。

5. 推进数字化发展与民生服务的融合

数字化发展与民生服务的融合是数字中国建设的重要目标之一。推进数字化发展与民生服务的融合，可以提高民生服务的质量和效率，为人民群众带来更多的便利和福利。

建立数字化民生服务平台。该平台旨在为民众提供数字化民生服务，包括医疗健康、教育培训、社会保障、住房公积金等服务。数字化民生服务平台应该具有公开透明、公正公平、高效便捷等特点，可以优化民生服务，提高政府服务水平。

推广数字化民生服务应用。政府可以鼓励各行各业采用数字化技术，创新民生服务模式，提高服务质量和效率。例如，在医疗健康领域可以推广远程医疗、电子病历等数字化服务应用，在教育培训领域可以推广在线教育、远程培训等数字化服务应用，在社会保障领域可以推广电子社保卡、在线申报等数字化服务应用。

加强数字化民生服务的安全保障。政府应该加强对数字化民生服务的监管，规范服务行为，防范信息泄露和网络攻击等风险。同时，数字化服务提供者应该加强信息安全管理和技术保障，确保数字化民生服务的安全性和可靠性。

提高和扩大数字化民生服务的普及率和覆盖面。政府应采取多种措施，如推广数字化服务应用、建立数字化服务网点、提供数字化服务设施等，提高数字化民生服务的普及率和覆盖率。同时，政府和数字化服务提供者应该加强对老年人、残疾人等特殊人群的服务，确保数字化民生服务的包容性和普惠性。

开展数字化民生服务的评估和监测。政府可以制定数字化民生服务评估标准，对数字化民生服务的质量和效果进行评估和监测，及时发现问题和不足，提高数字化民生服务的质量和效果。同时，数字化服务提供者也应该加强自我评估和监测，不断提高服务质量和效果，满足民众的需求和期望。

强化人才支撑，培养创新型、应用型、复合型人才

政府要采取多种措施，加强领导干部、公务员群体的数字化人才培养和支持力度，加强数字化人才的素质能力培养，加大数字领域的支持力度。培养创新型、应用型、复合型数字化人才，满足数字化日益发展对高素质人才的需求，促进数字化人才培养渠道多元化，为数字时代注入源源不断的人才力量。

1. 增强领导干部和公务员的数字思维、数字认知、数字技能

增强领导干部和公务员的数字思维、数字认知、数字技能，是数字化时代推进现代化治理的重要保障。政府可以采取以下措施，加强领导干部和公务员的数字化培训和学习，提高他们的数字化素养和能力，提升数字化决策的能力和水平。

制订数字化教育培训计划。政府可以制订数字化教育培训计划，针对领导干部和公务员的不同职业需求，开设数字化培训课程。数字化培训课程可以涵盖数字化基础知识、数字化技术应用、数字化决策、数字化安全等方面，以提高领导干部和公务员的数字化素养和能力。

加强数字化实践。政府可以鼓励领导干部和公务员参与数字化项目的实践，提高数字化技能和经验。数字化实践可以帮助领导干部和公务员更好地了解数字化转型的实际应用，增强数字化决策的实践能力和水平。

建立数字化人才库。政府可以建立数字化人才库，收集和整合数字化人才的信息，包括数字化领域的专家、技术人才、项目管理人才等，为领导干部和公务员提供数字化人才的咨询和支持。

推动数字化创新。政府可以鼓励领导干部和公务员参与数字化创新，开展数字化项目探索和实践，促进数字化创新的发展，提高领导干部和公务员的数字化思维和认知能力。

2. 统筹布局一批数字领域学科专业点，培养创新型、应用型、复合型人才

政府需要加大对数字领域专业的人才支持力度，以满足数字化发展对高素质人才的需求。具体措施包括：

制订政策计划，建立人才培养长效机制。政府应制订相关政策和计划，以促进数字领域专业人才的培养和发展。建立人才培养长效机制，包括持续投入资金和资源，建立稳定的培养计划和项目，以及定期评估和调整培养效果。

加强教育培训体系。政府应加强与教育机构的合作，搭建数字领域专业人才的培养体系，包括更新课程内容，增加数字技术和创新教育的比重，以及提供实践机会和实习项目。政府还可以与行业协会等机构合作，提供行业导向的培训和认证项目，帮助数字领域的专业人才了解行业需求，提高就业竞争力。

鼓励企业参与人才培养。政府可以鼓励企业参与数字领域专业人才的培养，包括提供企业赞助的奖学金、实习机会和培训项目，以及与企业合作开展实践项目和创新研究。

建立行业导向的人才评价体系。政府可以与行业协会和企业合作，建立行业导向的人才评价体系。这可以帮助数字领域的专业人才了解行业需求和标准，为他们提供更多的职业发展和晋升机会。

建立创新实验室和研究中心。政府可以投资建立创新实验室和研究中心，为数字领域专业人才提供实践和研究的平台。这可以促进他们的创新能力和实际操作技能的培养。

支持创新创业。政府可以提供对创新创业的支持，鼓励数字领域的专业人才创办自己的企业或参与创新项目，包括提供创业培训、创业基金和创业孵化器等支持措施，以帮助他们实现创新创业的梦想。

加强国际交流与合作。政府可以积极促进数字领域专业人才的国际交流与合作，包括与其他国家的教育机构和企业建立合作关系，开展学术交流、人才培训和项目合作，以拓宽数字领域专业人才的视野和经验边界。

提供就业支持和创业环境。政府可以提供就业支持和创业环境，帮助数字领域的专业人才实现就业和创业，包括提供就业信息和招聘服务，简化创业注册和审批手续，降低创业成本和风险。

加强行业与学术界的合作。政府可以促进行业与学术界的合作，建立产学研结合的机制，包括资助行业研究项目、支持学术论文和科研成果的转化，以促进数字领域专业人才的实践能力和创新能力的提升。

加强政策宣传和推广。政府应加强对数字领域专业人才培养政策的宣传和推广。通过媒体宣传、专题研讨会和招聘会等方式，提高公众对数字领域专业人才培养的认知和重视程度。

3. 构建覆盖全民、城乡融合的数字素养与技能发展培育体系

构建覆盖全民、城乡融合的数字素养与技能发展培育体系，是提高整个社会数字化水平的重要举措。政府可以施行如下措施：

推动数字化素质教育的普及。政府可以制订全面的数字素养与技能发展培训计划，明确培训目标、内容和方法。培训可包括基础的数字技能培训，如电脑操作、网络使用和信息检索，以及更高级的数字技能培训，如数据分析、编程和人工智能等。政府可以建立数字素养与技能发展的培训机构和资源中心，提供培训课程、教材和学习资源，可以设立数字学习中心、开展培训班和研讨会，以及提供在线学习平台和资源库。政府可以开展数字素养与技能发展师资培训和认证，提高培训师资的专业水平和教学能力。这可以包括培训师资的培训课程和考核，以及颁发师资认证证书，确保培训质量和效果。政府可以建立与企业、学校、非营利组织和社会团体的合作机制和伙伴

关系，共同推动数字素养与技能发展培训。这可以合作开展培训项目、共享资源和经验，扩大和提高培训的覆盖范围和质量。政府可以推广数字素养教育，将其纳入学校教育课程和职业培训计划。这可以从小学开始，逐步培养学生的数字素养和技能，提高他们应对数字化社会的能力。推动数字化素质教育的普及，让全民了解数字化时代的基本概念和发展趋势，掌握数字化技术的基本知识和应用方法，提高数字化思维和认知能力。

建立和推广数字化评价和认证标准。目的是对数字化素质进行全面、科学、客观的评价。数字化素质评价标准和考试可以通过多种方式进行，包括在线考试、线下实际操作等，以提高数字化素质评价的准确性和可靠性。推广数字化技能培训和认证标准，鼓励和支持社会各界开展数字化技能培训和认证，来评价和证明个人的数字化技能水平，提高数字化技能的认可度和可信度。数字化技能培训认证包括培训课程、讲座、研讨会、实践操作等，以满足不同人群的实际需求。

加强评估和监测。政府可以加强对数字素养与技能发展培训的评估和监测，及时了解培训效果和问题，并进行调整和改进。这可以通过开展培训评估和学习成果评价，收集参训者的反馈和意见，以及进行培训数据的统计和分析实现。

实现城乡融合和社区的培训推广。加强城乡融合的数字化素质教育和技能培训，促进数字化时代城乡居民的均衡发展。通过建设数字化教育资源共享平台、推广数字化教育补贴政策等方式，推动城乡数字化素质教育和技能培训的均衡发展。鼓励数字化企业和社会组织参与城乡数字化素质教育和技能培训，提高社会力量的参与度和贡献度。加强社区培训和推广，将数字素养与技能发展培训带到基层，覆盖城乡融合的各个社区。这可以通过设立社区培训中心、开展培训活动和宣传推广，提高社区居民的数字素养与技能。

提供补贴和奖励措施。政府可以提供培训补贴和奖励措施，鼓励个人和组织参与数字素养与技能发展培训，包括补贴培训费用、提供奖学金和奖励金，以及给予税收优惠和其他激励措施。

提供就业支持和创业环境。政府可以提供就业支持和创业环境，帮助培训完成的个人和组织将数字素养与技能应用到实际工作和创业中，包括提供就业指导和职业咨询，促进数字技能人才的就业和创业机会，以及支持数字化创新和创业项目的发展。

加强国际合作和交流。政府可以加强国际合作和交流，借鉴其他国家和地区的经验和做法，推动数字素养与技能发展培训的国际交流和合作。通过开展国际培训项目和交流活动，建立国际合作伙伴关系，共同推动数字化人才的培养和发展。

营造全社会共同关注、积极参与数字中国
建设的良好氛围

为了推动数字中国建设，需要营造良好的氛围，让全社会共同关注、积极参与数字中国建设。具体可以从以下几个方面进行：

1. 推动高校、研究机构、企业等共同参与数字中国建设

推动高校、研究机构、企业等共同参与数字中国建设，是促进数字化转型和经济发展的重要举措。

加强数字化技术研究和创新。高校和研究机构应该加强数字化技术研究和创新，为数字中国建设提供技术支持和创新动力。例如，探索人工智能、大数据、区块链等在数字中国建设中的应用。

加强数字化人才培养。高校应该加强数字化人才培养，培养数字化转型和经济发展所需的各类数字人才。例如，高校可以开设数字化技术、数字化营销、数字化金融等相关专业，培养数字化专业人才；可以加强数字化技

能培训，提高学生和员工的数字化素养与技能，满足企业对数字化人才的需求。

促进产学研合作。高校、研究机构可以与企业合作开展数字化技术研究和应用，探索数字化转型和经济发展的新模式和新路径。同时，企业可以提供数字化转型和经济发展的需求和场景，为高校和研究机构提供研究和应用的方向和依据。

加强数字化服务创新。企业可以加强数字化服务创新，为数字中国建设提供数字化服务。例如，企业可以开发数字化金融、数字化医疗、数字化物流等相关服务，增加服务的广度和深度，提高服务的质量和效率。企业还可以积极参与数字化服务平台的建设和运营，为民众提供数字化便捷服务。

推动政策支持和营商环境优化。政府可以出台相关政策，优化营商环境，降低数字化转型和经济发展的门槛和成本，鼓励更多的高校、研究机构、企业等参与数字中国建设。

2. 建立一批数字中国建设的研究基地

数字中国建设的研究基地可以为理论研究和实践探索提供有力支撑，是推动数字素养与技能发展的重要举措。

确定数字中国建设研究基地的定位和发展方向。数字中国建设涉及多个领域，基地可以根据自身的优势和特色，确定研究方向和领域，聚焦重点，深入探索数字化转型和经济社会发展的关键问题。

提供政策和资金支持。政府可以出台相关政策，为数字中国建设的研究基地提供更多的政策支持，如税收优惠、人才引进政策、科研经费支持等，以激励研究基地的创新和发展；可以提供研究基地的研究资金支持，用于开展数字中国建设相关的研究项目，如科研经费、设备购置经费、人才引进经费等，以确保研究基地有足够的资源支持研究工作。

选址策略。选择地理位置优越、交通便利的城市或地区作为研究基地的选址，以便吸引优秀的研究人才和资源。同时，考虑到数字中国建设的需求，可以选择一些具有数字化发展潜力和示范效应的地区作为研究基地。

建立组织管理架构。基地可以设立研究部门和管理部门，组建由专业研究人员和技术人才组成的研究团队，具备跨学科的研究能力和实践经验。研究团队可以开展数字化技术研究、政策研究、应用案例研究等，为数字中国建设提供科学依据和解决方案。可以设立专家委员会、学术委员会等机构，汇聚各领域的专家和学者，共同为数字中国建设的研究和探索提供智力支持。

建立实验室开展研究课题。为研究基地建立先进的实验室，以支持数字中国建设相关的实验和创新。这可以包括数字技术实验室、数据分析实验室、虚拟现实实验室等，为研究人员提供良好的研究环境和工具。开展系列研究项目和课题，涵盖数字化技术、数字经济、数字教育、数字治理等方面。这些研究项目可以通过政府招标、企业合作、学术竞争等方式获得资金支持，并与实际应用场景相结合，有利于产出实用的研究成果。

人才培养和交流引进。研究基地可以承担数字素养与技能培训的任务，培养高水平的数字化人才。同时，可以开展学术交流、研讨会、研究生培养等活动，或者是通过招聘、引进、合作等方式，吸引国内外数字领域的专家学者组建高水平的研究团队，参与数字中国建设的研究和实践。

建立产学研合作机制和合作网络。产学研合作机制能促进科研成果的转化和应用，通过与企业的合作，可以将研究成果与实际应用场景相结合，提高研究的实用性和可操作性。与高校、科研机构、企业、政府部门建立紧密的合作网络，推动数字中国建设的研究和实践，充分利用各方的资源和专业知识，提高研究基地的研究能力和影响力。

推广和应用成果。研究基地应积极推广和应用研究成果，为数字中国建设提供解决方案和技术支持。可以与企业、政府部门合作，开展技术转移和应用示范，推动数字化技术在各个领域的应用。

建立评估和监测机制。建立科学的评估和监测机制，对研究基地的研究成果和影响进行评估和监测。这可以通过定期评估报告、指标体系、案例分析等方式进行，以确保研究基地的研究工作具有实际效果和社会影响力。

建立国际合作与交流平台。研究基地可以积极与国际组织、外国高校和研究机构建立合作关系，开展国际合作研究项目和交流活动。通过与国际合作伙伴的交流与合作，可以借鉴国际先进经验，加速数字中国建设的进程。

3. 统筹开展数字中国建设综合试点工作

为了全面推进数字中国建设，各地区、各部门应统筹开展数字中国建设综合试点工作，通过试点推广先进的数字化技术和管理经验，不断探索数字经济和数字社会建设的新路径。

制订合理计划。制定科学的综合试点布局和选点标准，要考虑行业特色与局部需求，选择具有代表性和示范性的领域进行综合试点，前提是应具备一定的基础条件和发展潜力，保障能够在实践中验证和推广数字化技术的应用。

明确目标和方案。针对每个试点制定具体方案，包括试点范围、内容、时间、资源投入等，明确试点的预期成果和效益。同时，要充分考虑各方利益和需求，确保试点方案的可行性和可操作性。

落实政策支持和资源保障。政府应出台相关政策，包括财政税收支持、拓宽投融资渠道、加强人才引进等，为试点提供必要的经济和政策支持。同时，合理配置资源，包括资金、技术、人才等，确保试点的顺利进行。

加强组织和协调机制。建立健全的组织和协调机制，是推动综合试点工作的重要保障。政府可以设立专门的机构或组织，负责统筹协调试点工作，明确各方责任和任务。

加强技术创新和研发能力。综合试点需要依托先进的数字化技术和创新成果，因此要加强技术创新和研发能力。政府可以鼓励企业、高校、科研机构加大研发投入力度，培育创新团队和人才，推动数字化技术的研究和应用。同时，要加强知识产权保护，激励创新成果的转化和应用。

加强标准体系建设和监督评价。推动数字经济标准体系建设，将试点成果纳入标准制定中。健全考评机制，对试点活动开展动态监督和效果评估。

滚动开展协同推进。完成一轮综合试点后，及时总结经验，补充不足，加强数据共享开放，促进跨部门和跨领域应用，滚动开展下一个阶段的试点。各试点配合，互相促进。

加强宣传推广。综合试点的成功经验和成果应及时进行宣传和推广，有利于提高社会认知和参与度。政府可以组织相关活动或展览，展示试点成果和应用案例。

4. 办好数字中国建设峰会等重大活动

通过举办数字中国建设峰会等重大活动，可以促进深入研究数字经济和数字社会的发展趋势、政策和创新实践，促进数字化技术和管理经验的交流和分享，推动数字化转型和建设。要办好数字中国建设峰会等重大活动，需要从以下方面入手：

定位明确。明确数字中国建设峰会等重大活动的定位和目标，明确活动主题，并制定详细的议程，包括主题演讲、分论坛、展览等环节，以全面展示数字中国建设的成果和前景。

筹备有序。制定详细的活动策划方案，明确活动的时间、地点、规模和参与人员，组织策划团队，统筹筹备工作等，确保活动的顺利进行。邀请重要嘉宾和专家分享经验、探讨问题、提出建议，推动数字中国建设的深入发展。组织展览和演示活动，展示最新的数字化技术和应用案例，吸引参会者的关注和参与。举办主题演讲和分论坛，进行深入探讨和交流，促进思想碰撞和经验分享。安排交流和合作活动，如企业对接会、项目洽谈会等，为企业、高校和科研机构提供合作机会，促进数字中国建设的实际落地。举办展览和体验活动，展示最新的数字化技术和应用案例，让参会者亲身体验数字化带来的便利和创新。设置互动体验区、虚拟现实展示、智能设备展示等，吸引参会者的兴趣。发布峰会成果和宣言，总结峰会期间的讨论和交流成果，提出数字中国建设的发展方向和重点任务，通过官方网站、媒体发布会等方式进行发布，让更多人了解和关注数字中国建设的进展。加强宣传和推广，可以邀请媒体机构进行现场报道，发布峰会相关新闻稿件和采访报道，扩大峰会的影响力和知名度。同时，利用社交媒体平台进行宣传，发布峰会信息、演讲视频和参会者见解，吸引更多人关注和参与数字中国建设。

切实落实。活动结束后，要及时总结经验，评估活动效果，提炼并推广好的经验和做法，确保活动的实际成效和推广价值。

后续跟进。可以组织后续的跟进活动，如研讨会、培训班、展览等，深入探讨数字中国建设的具体问题和解决方案，吸引国内外相关企业、专家、学者和政府机构参与，推动峰会的成果转化为实际行动。

5.举办数字领域高规格国内外系列赛事

举办这些赛事可以吸引国内外优秀的数字化企业、科技人才和创新团队参与，为数字中国建设和发展数字经济提供有力的支持和推动作用。

策划方案和组织团队。制定详细的赛事策划方案，明确赛事主题、规模、时间、场地、设施、参赛对象、项目、规则、奖项等细节，确保符合数字中国建设的战略目标和发展方向。成立专业的策划组织团队，负责赛事的策划、组织、宣传等各项工作，安排专业的工作人员和志愿者提供服务，确保赛事场地的安全和秩序，制订详细计划和应急预案，配备专业的安保人员和医疗救援团队，确保赛事顺利进行和所有参赛人员的安全。

注重赛事的品牌建设。赛事的品牌形象和文化是核心价值和吸引力所在，塑造独特的形象和价值观。设计专属标志标识，制定赛事口号和宣传语，注重赛事文化建设，营造积极向上、创新开放的赛事氛围，可以吸引更多的参与者和观众。

制订赛事的长期发展计划，包括扩大赛事规模、增加赛事的影响力、提升赛事的专业性等方面。鼓励参赛团队提出解决社会问题的创新方案，推动可持续发展的理念和实践。

提供展示和交流平台。可设置展览区域和演讲论坛，用来展示项目成果和创新理念，促进互动交流。

创造丰富的赛事体验。可以设置互动展示区、技术体验区、创新产品展示等，让参赛团队和观众能亲身感受到数字领域的创新和发展。

加强赛事的资源整合和共享。与政府部门、企业、投资机构等建立合作伙伴关系，共同整合和共享资源，为赛事提供资金、场地、设备等支持。鼓励参赛团队之间的合作和交流，促进资源的共享和互助，提升整个创新生态系统的发展水平。与高校、研究机构、教育培训机构合作，能够促进赛事与教育的有机结合，便于开展创新教育和培训项目，为参赛团队提供更多的学习和发展机会，还可以为学生提供实践机会和创新体验。与产业界、企业界建立合作伙伴关系，共同推动赛事发展，促进赛事与实际应用的结合，为参赛团队提供商业化和投资机会，帮助他们将创新项目转化为商业成功。同时，产业界的支持和参与也可以提升赛事的专业性和实用性。

赛事的国际化合作。与国际赛事组织、外国企业和投资机构等建立合作关系，引进国际化的赛事标准和经验，将赛事扩展到国际舞台。通过与其他国家和地区的赛事进行交流和合作，能够吸引国际参赛团队和观众的参与，可以促进赛事的影响力和知名度的提升，促进创新和科技的国际交流与合作。

组织成果研讨和后续孵化。根据反馈信息及时调整赛事的内容和形式，引入新的赛事项目和主题，开展多样化的创新活动和竞赛项目，提供更多元化的参与方式和机会。不断改进组织管理，提升参赛体验和赛事质量。发布赛事成果，总结展示创新成果和技术进展，提升赛事影响力和知名度，吸引更多的参与者和合作伙伴。后续跟进如项目孵化、技术交流会等，有助于将赛事成果转化为实际应用和商业价值。

完善激励机制。设立丰厚的奖金或奖项，旨在激发参赛团队的积极性和创新性，提高赛事的竞争水平和影响力。提供创业支持、投资机会、专业培训，帮助优秀的参赛团队实现其创新项目的商业化和落地。

评审机制和监管机制。建立公正、透明的评审机制，确保赛事的评选结果客观公正，提高赛事的公信力和权威性。邀请专业机构和数字领域的专家学者担任评委，对赛事进行评估，确保赛事的公正、公平和规范，提升赛事的质量和效果。加强对赛事组织和管理的监管，确保赛事的规范运行和合法合规。

建立知识产权保护机制。帮助参赛团队保护其创新项目和技术成果的知识产权，鼓励创新和知识产权的合法使用和交流。

建立赛事的社会责任机制。赛事作为一个重要的创新平台，应该承担起社会责任。可以通过设立社会责任项目和开展相关主题活动等，来关注社会问题和环境保护，推动可持续发展和社会进步。

6. 加强数字化信息宣传和普及

数字化信息宣传和普及，是推动数字中国建设和数字经济发展的重要手段，可以帮助人们了解数字化技术和应用的优势和重要性，提高数字化应用的意识和能力。

开展宣传活动。利用多种渠道，如电视、广播、报刊、网络等，开展数字化信息宣传活动，向社会大众普及数字化技术和应用的基础知识和重要性，提高社会公众对数字经济和数字社会的认知水平。

建立数字化信息平台。旨在向社会大众提供数字化技术和应用的相关信息和服务，包括数字化技术应用案例、数字经济发展趋势、数字政府建设等内容，提高服务能力，促进创新发展。

加强数字化技术培训。针对不同群体开展数字化技术和应用的培训活动，提高人们对数字化技术的认知和应用，帮助人们更好地适应数字社会的发展。

推广数字化应用。通过推广数字化应用，如电子商务、在线教育、智慧城市等，让更多人亲身体验数字化带来的便利和优势，增强人们对数字化技术和应用的信心和热情。

加强国际交流。与其他国家和地区分享数字化技术和应用的最新成果和经验，促进数字化技术和应用的国际合作和共享，推动数字经济和数字社会的全球化发展。

第七章
数字中国建设受益于众多
产业链细分领域

    在数字化时代的浪潮中，各个数字产业细分领域正迎来一次全面的革命，数字中国建设为其提供了广阔的发展空间和创新路径。同样地，数字产业细分领域也推动了数字技术的应用和创新，为实现高效、智能、可持续的发展注入了强大的动力。数字中国建设的推进，将进一步促进数字产业细分领域的蓬勃发展，为经济社会的全面进步贡献力量。

概括梳理数字经济19个细分行业

数字经济，是伴随着全球数字化浪潮，在新一轮科技革命和产业变革中兴起的经济模式，它是以信息通信技术的有效使用作为效率提升和经济结构优化的重要推动力。数字经济的 19 个细分行业包括半导体（包括芯片）、车联网、智慧城市、智能家居、人工智能、5G、工业 4.0、区块链、云计算、金融科技、物联网、智慧交通、电子商务、光通信、云办公、在线教育、智慧农业、智能医疗、智能物流。数字经济的特征是数据成为推动经济发展关键的生产要素，数字基础设施成为新的基础设施，供给和需求的界限变得日益模糊，互联网变革了生产关系，人工智能极大地提升了生产力。

党的十九届五中全会将数字中国建设作为"十四五"时期的重点任务之一，数字经济由此成为经济发展的新动能和新增长点，政府将大力支持数字经济的核心技术和产业发展。因后面章节有进一步阐述，本节只讨论 19 个细分行业中的 8 个。

1. 半导体

半导体是指常温下导电性能介于导体与绝缘体之间的材料。半导体行业作为现代电子工业的关键组成部分，应用于集成电路、消费电子、通信系统、光伏发电、照明、大功率电源转换等领域。第一代半导体材料有硅、锗等，硅是构成逻辑器件的基础，用于分立器件和芯片制造，CPU、GPU 算力。第二代半导体材料有砷化镓、磷化铟等，主要用于制作高速、高频、大功率以及发光电子器件，高性能微波、毫米波器件，广泛应用在微波通信、光通信、卫星通信、光电器件、激光器和卫星导航等领域。第三代半导体有碳化硅、氮化镓、氧化锌、金刚石等新兴半导体材料，用于制作高温、高频、大功率和抗辐射电子器件，应用于半导体照明、5G 通信、卫星通信、光通信、电力电子、航空航天等领域。在 5G、轨道交通和新能源汽车等新市场需求的驱动下，第三代半导体材料有望迎来加速发展。硅基半导体的性能已无法完全满足 5G 和新能源汽车的需求，碳化硅和氮化镓等第三代半导体的优势被放大。

2023 年的《制造业可靠性提升实施意见》提出，要重点提升通用芯片、氮化镓、碳化硅等宽禁带半导体器件的可靠性水平。《"十四五"原材料工业发展规划》提出，将碳基材料纳入"十四五"原材料工业相关发展规划，并将碳化硅复合材料、碳基复合材料等纳入"十四五"产业科技创新相关发展规划，以全面突破关键核心技术，攻克"卡脖子"品种，提高碳基新材料等产品质量，推进产业基础高级化、产业链现代化。《中华人民共和国国民经济和社会发展第十四个五年规划和 2035 年远景目标纲要》将第三代半导体材料碳化硅、氮化镓作为强化国家的战略科技力量。在《"十四五"国家信息化规划》中，提出加快集成电路攻关，推动计算芯片、存储芯片等创新。在《"十四五"数字经济发展规划》中，提出着力提升核心电子元器件、关键基础材料供给水平。国务院出台的《国家集成电路产业发展推进纲要》指出，到 2030 年，集成电路产业链主要环节达到国际先进水平，企业进入国际第一梯队。出台的系列政策扶持数字经济基石的半导体产业蓬勃发展，推动半导体产业自主可控，国务院提出 2025 年中国芯片自给率将达到 70%，加大教育、科研和应用投入，推动芯片设计、制造、封装实现国产替代。

在国产替代进程加速，国内市场需求增加，5G、物联网、云计算和高性能计算芯片快速发展的背景下，半导体产业链将进入新一轮快速增长。届时，第三代半导体材料将实现大规模应用，先进芯片制造工艺加速推广，封装测试企业向高端产品转型，半导体产业生态加速演化升级，新的半导体技术将不断涌现，半导体行业将迎来新的发展机遇和广阔的市场空间。

2. 智慧城市

《中华人民共和国国民经济和社会发展第十四个五年规划和 2035 年远景目标纲要》提出，新时期分级分类推进新型智慧城市建设的重要路径，党的二十大报告则明确了"打造宜居、韧性、智慧城市"的主要目标。2022 年，国家陆续出台了《"十四五"数字经济发展规划》《2022 年新型城镇化和城乡融合发展重点任务》等政策，明确了智慧城市作为我国城镇化发展和实现城市可持续化发展方案的战略地位，以及"推进智慧城市建设"的任务，大大刺激了各地对智慧城市的建设需求。此外，发改委、工信部、住建部等部门先后发布多项政策，从新型城镇化和城乡融合、新型城市基础设施建设、智慧社区和基层治理等垂直领域指导我国新型智慧城市的健康发展。

智慧城市承载着工业互联网、数字人民币、数据中心等新基建，智能制造、供应链、平台经济等数字产业化和产业数字化，治理能力与治理体系数字化等主体功能，是数字经济的主力军。未来智慧城市将面临不确定的经济增长、结构性非均衡及低欲望社会的发展环境。数字经济目标的实现，在很大程度取决于智慧城市水平的提高。智慧城市建设成为多地的重点工作之一。多个省市围绕智慧城市建设做出部署，以数字算力提升城市智慧。

数字孪生技术通过整合地理信息数据、建筑信息模型数据、物联感知数据，构建出与物理城市"同步规划、同步建设、同步演进"的数字城市，赋能"一图统揽、一屏管理、一键决策"城市治理新模式的建立。"数字孪生城市"出现在多个省市的政府工作报告中。数字孪生技术在城市交通、基础设施建设等领域的广泛应用，能够不断地提升智慧城市的规划、建设、管理和治理水平。

智慧城市是城市信息化发展的必然，是数字中国、智慧社会的核心载体。让城市更智慧，是推动城市治理体系和治理能力现代化的必由之路。新基建投资规模巨大，具有数字化、网络化、智能化的特征，智慧城市发展将迎来新机遇。与此同时，由于数据要素的驱动力难以释放，多跨应用的成效性有待加强，智慧城市建设周期长、投入高，面临巨大的资金压力和较高的投资风险，这些都将成为制约智慧城市项目持续推进的重要因素。部分智慧城市项目缺乏有效的商业模式，不能实现项目自身造血和发挥产业带动作用，不利于智慧城市项目的持久进行。

3. 智能物流

物流业是支撑国民经济发展的基础性、战略性、先导性产业。近年来，国家对智能物流业发展高度重视，从政策上加强引导，加大扶持力度，出台了一系列鼓励政策，《国家发展改革委关于恢复和扩大消费的措施》《"十四五"现代物流发展规划》《"十四五"冷链物流发展规划》《"十四五"现代流通体系建设规划》《"十四五"数字经济发展规划》《关于支持国家级经济技术开发区创新提升更好发挥示范作用若干措施的通知》《关于加快场景创新以人工智能高水平应用促进经济高质量发展的指导意见》等。中国"十四五"规划纲要提出，"建设现代物流体系，加快发展冷链物流，统筹物流枢纽设施、骨干线路、区域分拨中心和末端配送节点建设，完善国家物流枢纽、骨干冷链物流基地设施条件，健全县乡村三级物流配送体系，发展高铁快运等铁路快捷货运产品，加强国际航空货运能力建设，提升国际海运竞争力。优化国际物流通道，加快形成内外联通、安全高效的物流网络。完善现代商贸流通体系，培育一批具有全球竞争力的现代流通企业，支持便利店、农贸市场等商贸流通设施改造升级，发展无接触交易服务，加强商贸流通标准化建设和绿色发展。加快建立储备充足、反应迅速、抗冲击能力强的应急物流体系。"将智能物流作为重要发展方向，推动物流数字化转型、智慧化改造和网络化升级。《国家物流枢纽布局和建设规划》明确要求，加强综合信息服务平台建设，推动国家物流枢纽全国联网、一体运行；《关于推动物流高质量发展促进形成强大国内市场的意见》明确提出，实施物流智能化改造行动，推进货、车（船、飞机）、场等物流要素数字化；《商贸物流高质量发展专项行动计划(2021—2025年)》明确鼓励商贸物流骨干企业"上云上平台"，提升全流程、全要素资源数字化水平；《新能源汽车产业发展规划 (2021—2035年)》明确要求，推广网络货运、挂车共享等新模式应用，创新智能物流运营模式。

智能物流以高增长态势大大降低了制造业、物流业等行业的成本，以智能化处理、绿色环保为发展趋势。在快递分拣环节，智能分拣装备为核心的多类型技术装备广泛应用，极大地提高了分拣效率，解决了"爆仓"问题。在运输环节，搭建货运互联网平台，实现货运供需信息在线实时共享对接，提升了货运效率。在农村，智能物流让配送更便捷，手机接到订单，马上下地采摘，交给"快线"打理，大大节省了时间和运费。在外贸上，跨境智能物流的信息、温湿度随时可视化，通过数据分析与预测，智能化运输调度，电子商务支持，外贸合规管理，实现订单跟踪、库存管理、关务申报等一体化的服务，提高了电商跨境物流的效率和可靠性。交通运输部正着力拓展智能物流应用的典型场景，推动智能物流技术创新，强化重点标准实施应用，大力推进交通强国建设试点中涉及的60余项智能物流任务，支持建设国家级服务业标准化试点示范，培育一批具有带动性、引领性的试点示范项目，加快交通运输业数字化转型升级。智能物流行业市场规模持续增长，到2028年，中国智能物流的市场规模将突破2.5万亿元。

我国的智能物流虽然起步较晚，但发展非常迅速。依托人工智能、大数据等新一代信息技术，我国的物流技术及装备的后发超越可能性极大。智能物流的发展能够帮助整个社会提高物流效率，节省物流成本。未来，我国的辅助驾驶、无人搬运、自动化密集存储、全流程无人输送分拣、辅助自动化装卸等技术，将会有显著的进展。随着新技术、新模式、新业态的不断涌现，物流业与互联网深度融合，智能物流将逐步成为推进物流业发展的主要动力和路径，也将为经济结构的优化升级和提质增效注入强大动力。

4. 智能家居

2023年7月的《关于促进家居消费若干措施的通知》指出，要完善绿色供应链，创新培育智能消费，支持运用物联网、云计算、人工智能等技术，加快智能家电、智能安防、智能照明、智能睡眠、智能康养、智能影音娱乐等家居产品的研发。开展数字家庭建设试点。提高家居适老化水平。构建"大家居"生态体系，推动业态模式的创新和发展。支持旧房装修。促进农村家居消费等。2023 年 7 月，《国务院办公厅转发国家发展改革委关于恢复和扩大消费措施的通知》，鼓励室内全智能装配一体化，推广智能家电、集成家电、功能化家具等产品，提升家居智能化绿色化水平。支持可穿戴设备、智能产品消费。

智能家居，是利用先进的计算机技术、网络通信技术、智能云端控制、综合布线技术、医疗电子技术依照人体工程学原理，融合个性需求，将与家居生活有关的各个子系统，包括家庭控制、照明控制、家庭安防、健康管理、娱乐影音、场景联动、智能厨房和智能家居助手等有机地结合在一起，提升家居安全性、便利性、舒适性、艺术性，并实现环保节能的居住环境。2023 年，智能家居的相关 App 用户达到 2.65 亿，中国智能家居设备 2025 年市场出货量将接近 5.4 亿台，市场规模将超过 8000 亿元。智能家居行业市场潜力巨大，随着人们生活质量的不断提高，用户群体庞大，市场需求旺盛。技术升级、重构和创新将不断推动行业的发展，推动跨产业渗透，进一步拓展智能家居的应用场景和空间，厂商和技术平台之间将会形成合作和联盟，提供智能家居生态系统的共同利益。智能家居行业的未来前景十分广阔，政策支持、技术创新和消费观念的转变将推动智能家居行业实现更快速的发展。

5. 智慧交通

智慧交通是以互联网、物联网等网络组合为基础，以智慧路网、智慧装备、智慧出行、智慧管理为重要内容的交通发展新模式，具有信息联通、实时监控、管理协同、人物合一的基本特征。智慧交通能实现公共车辆管理，交通实时监控，旅行信息服务，车辆辅助控制。

中共中央、国务院印发的《交通强国建设纲要》《国家综合立体交通网规划纲要》《数字中国建设整体布局规划》等对发展智慧交通、推进交通基础设施数字化、建设数字中国做出了明确部署。交通运输部强调，"大力发展智慧交通，为交通当好中国式现代化的开路先锋持续注入新动能"。根据《数字交通"十四五"发展规划》《交通运输领域新型基础设施建设行动方案（2021—2025 年）》《关于推动交通运输领域新型基础设施建设的指导意见》等相关政策的要求：到 2025 年，我国"一脑、五网、两体系"的发展格局基本建成，交通新基建取得重要进展，行业数字化、网络化、智能化水平显著提升，有力支撑交通运输行业高质量发展和交通强国建设。到 2035 年，我国基本建成交通强国，交通运输领域新型基础设施建设取得显著成效，基本建成便捷顺畅、经济高效、绿色集约、智能先进、安全可靠的现代化高质量国家综合立体交通网。到 21 世纪中叶，我国全面建成交通强国。

随着智慧城市建设的不断推进，人、车、路信息互联互通的城市智慧交通系统将成为城市建设的重心之一，中国城市智慧交通市场规模或保持高速的增长。智慧交通作为新基建的主力军是未来城市建设的主动脉，交通基础设施与数字新科技的交汇融合，将为人们构筑一个安全、便捷、高效、绿色的智能交通体系，助力我国从交通大国向交通强国迈进。

6. 电子商务

电子商务是在网络环境下并在全球商业贸易活动中，基于客户端／服务端应用方式，买卖双方互不谋面进行的各种商贸活动，实现消费者网上购物、商户间网上交易和在线电子支付以及各种商务活动、交易活动、金融活动和相关的综合服务活动的商业运营模式。电子商务分为 ABC、B2B、B2C、C2C、B2M、M2C、B2G、C2G、O2O 等，由商城、消费者、产品、物流四要素构成。它可以打破时间和空间的壁垒，重新定义传统的流通模式，一定程度上改变了社会和经济的运行方式，为各种社会经济因素的重组提供了丰富的信息资源和更多的可能性，影响了社会的经济布局和结构。它提供的低成本个性化服务，使中小企业能够拥有与大企业相同的信息资源，提高了中小企业的竞争力。

《"十四五"电子商务发展规划》提出，要塑造高质量电子商务产业，支持电子商务技术服务企业融资上市，推动电子商务技术产业化，为云计算、大数据、人工智能及虚拟现实等数字技术提供丰富的电子商务应用场景。明确开展电子商务平台智能化提升行动以及电子商务绿色发展行动。要求加快修订《反垄断法》，推动修订《电子商务法》，细化反垄断和反不正当竞争规则；健全电子商务行业标准，重点开展直播电商、社交电商、农村电商、海外仓等新业态标准研制。在支持跨境电商高水平发展方面，鼓励电商平台企业全球化经营，完善仓储、物流、支付、数据等全球电子商务基础设施布局，支持跨境电子商务等贸易新业态使用人民币结算。大力推动电子商务的数字化、智能化发展，促进更多电子商务新业态、新模式、新服务的发展，优化电子商务发展的生态圈。

电子商务对中国数字经济发展的影响日益明显，在未来，随着新技术的发展和应用将出现更多的电商模式，进一步深刻影响人民的生活，特别对于灵活就业人群而言，电子商务将带来更大机遇。

7. 光通信

光通信是以光波为传输媒质的通信方式。它是发展"新基建"的重要基础设施和必要前提，其发展水平是衡量国家综合实力的一项重要指标。光通信具有容量大、速度快、传输距离长、质量稳定等优点，被广泛应用于电信、有线电视、互联网、军事、航空等领域，例如，光纤通信系统被用于跨洋电缆、城际高速铁路、互联网主干网等。

中国光通信行业受到各级政府的高度重视和国家产业政策的重点支持。国家陆续出台了多项政策，鼓励光通信行业的发展与创新。2023年，工信部等五部门联合发布的《制造业可靠性提升实施意见》要求，重点提升精密光学元器件、光通信器件等电子元器件的可靠性水平。2023年2月的《数字中国建设整体布局规划》明确指出，要加快 5G 网络与千兆光网协同建设。《"十四五"全国城市基础设施建设规划》强调，推进 5G 网络建设，加强 5G 网络规划布局，加快千兆城市建设，严格落实新建住宅、商务楼宇和公共建筑配套建设光纤等通信设施的标准要求，促进城市光纤网络全覆盖。这些指导政策为光通信行业的发展指明了方向。

2023 年，我国光通信市场规模达 1400 亿元。截至 2023 年 7 月末，5G 基站总数达 305.5 万个，占移动基站总数的 26.9%。光纤光缆、网络运营服务及光网络设备占我国光通信 90% 以上份额，其中，光纤光缆市场占比 37%，网络运营服务占比 29%，光网络设备占比 26%。中国是全球最大的光纤光缆生产国之一，产量规模庞大。中国的光纤光缆行业在技术创新和产业链建设方面取得了显著进展。中国政府积极推动信息通信技术的发展，对光纤光缆产业给予了政策支持，鼓励企业加大研发投入，提高产品质量和技术水平，推动光纤光缆产业的升级和发展。未来随着互联网、移动通信、宽带接入等领域的快速发展，尤其是光纤到户的推广，将为光纤光缆提供巨大的市场机遇。光芯片国产化进度持续推进，大量数据中心设备更新和新数据中心持续助力光芯片市场规模的增长，中国将成为全球增速最快的地区之一。随着 5G、人工智能、云计算、大数据、物联网等技术与应用的推广，其对数据存储及运算能力提出了更高要求，对数据传输的需求持续提升，为光通信行业的发展带来更大契机。

8. 智慧农业

智慧农业是指现代科学技术与农业种植相结合，从而实现无人化、自动化、智能化管理。它是智慧经济主要的组成部分，是发展中国家消除贫困、实现后发优势和赶超战略的主要途径。通过监测土壤水分、土壤温度、空气温度、空气湿度、光照强度、植物养分含量等参数，对农业园区进行视频监控、自动报警、自动灌溉、自动降温、自动进行液体肥料施肥、自动喷药等自动控制，提高农业生产经营效率，建设农产品溯源系统，保证食品供应链安全，转变农业生产者、消费者的传统观念，改善农业生态环境，催生大规模的农业组织体系，完善的农业科技和电子商务网络服务体系。

多年来"一号文件"多次提及精准农业、智慧农业等关键词：2021年，发展智慧农业，建立农业农村大数据体系；2022年，继续推进乡村振兴工作，大数据、互联网赋能数字乡村，推进智慧农业发展；2023年，深入实施数字乡村发展行动，加快农业农村大数据应用，推进智慧农业发展等。《"十四五"推进农业农村现代化规划》提出，加快数字乡村建设，发展智慧农业，建立和推广应用农业农村大数据体系，推动物联网、大数据、人工智能、区块链等新一代信息技术与农业生产的深度融合。《气象高质量发展纲要（2022–2035年）》提出，探索建设智慧农业气象服务基地。《"十四五"扩大内需战略实施方案》《乡村建设行动实施方案》提出，鼓励发展智慧农业等。系列鼓励指导政策为智慧农业指明了发展方向。

国家统计局数据显示，2022年，我国第一产业就业人数累计减少了3451万人，全国人口老龄化率达到14.86%，这意味着人们对农业劳动的选择直线下降。面对日益扩大的农业生产规模，农业生产人力不断减少，机械覆盖成为解决我国农业生产劳动力矛盾的首选。随着政府加大数字农用技术和装备的推广力度，积极引进社会资本，加速数字乡村、数字农业、农村电商等经济形态建设，持续推动农业农村信息化网络构建，助力智慧农业生态链发展，智慧农业将迎来广阔前景。

数字技术赋能数字民生4个细分领域

"数字民生"是利用数字技术和信息化手段，提升人民生活质量和幸福感。"十四五"规划提出，构建普惠便捷的数字民生保障体系，着力推动民生保障体系数字化转型，推动数字民生保障体系实现高质量发展，提升改善人民生活品质，让广大人民群众共享信息化发展成果。数字民生主要体现在数字教育、数字医疗、数字就业、数字文旅四个方面，数字技术与民生的深度融合赋予了民生建设新动能，大数据、人工智能、区块链、互联网等技术的应用提高了民生保障的供给能力。

1. 数字教育开启教育新纪元

《中华人民共和国国民经济和社会发展第十四个五年规划和 2035 年远景目标纲要》提出，要"发挥在线教育优势，完善终身学习体系，建设学习型社会"，《"十四五"国家信息化规划》对此做出了系列安排。例如，提出"发挥在线教育、虚拟仿真实训等优势，深化教育领域大数据分析应用，不断拓展优化各级各类教育和终身学习服务"，明确了信息化手段在终身教育体系建设中要发挥重要作用。通过信息技术、智能技术进一步扩大国内优质教育资源覆盖面，丰富完善已有的教学形式和教学方案，通过探索扩大学分银行试点及成果积累、认证和转化，让越来越多的群众参与终身教育。

构建终身教育体系，搭建以学习者为导向的数字资源共享平台，构建覆盖各级各类人群、形式灵活适切的终身学习服务体系，满足个人多样化需求，贯彻因材施教的教育理念。改革人才培养模式，培养具备跨界融合能力、沟通与协作精神、批判性思维、复杂问题研究解决、团队合作意识、创意与创新性、计算思维，以及掌握低碳、环保、可持续发展的绿色技能的数字时代人才。赋能教学与评测，强调要以知识与数据双驱动提升教育教学和评价效能，重塑个性化、精准化、科学化的全过程伴随式教育评价。强调公平包容、开放合作、更高质量、绿色持续的数字办学新形态，紧密围绕数字技术的创新运用和数据的集成整合，开展基于大数据驱动、人工智能辅助的教育分析与决策，提高顶层设计的前瞻性和引领性，全面实现办学体系与办学能力的现代化。强调要建立互联互通、即时高效、动态共享的数字管理与保障体系，集成运用数字技术，整合多元力量，以教育智能化助推教育管理高效化，塑造数字化管理体制与保障机制新范式，共筑数字化管理与保障体系新形态。注重隐私与安全，要加强培养全民数字素养和信息安全意识，推动信息安全规则的协调统一，明确数据透明体系的建立，加快信息安全伦理法治建设，完善监管机构与安全制度体制。

未来数字教育发展应着重把握四个方面：一是构建数字教育资源体系，助力数字资源跨界互通。实现跨地域、跨领域、跨部门数字资源覆盖与共享，向公众提供"数字工具包"——包含系列数字技术支持的技术平台、资源工具、数字软件等。二是打造数据大脑，开展数据驱动的评价创新。全面赋能师生动态数据的监测、感知、采集和分析，建立教育基本数据库，助推数据驱动的教育过程评价体系构建，促进建立智能化、科学化、全方位的教育评价系统。三是夯实教师数字素养和技能，助推"数字教师"培养。推动人工智能＋教师队伍建设，推进人机共教新方式，建立教师数字素养评价标准和测评体系，保障教育从业者数字技能、数字素养的研修机会，加快教师专业可持续发展。四是强化数字教育多维互通，推进多边参与合作机制。国家层面规划战略布局，制定长期战略重点与行动路径，提供资金、政策等资源支持。地方政府与分支部门贯彻落实，明确地方教育发展特色，按需细化实施关键要素，落实具体行动。企业、机构、高校形成多级联动，提供更为精准化、个性化、智慧化的数字教育服务。加强国际数字交流与合作，积极探索开放、包容、协作、共享的世界数字教育生态圈。

2. 数字医疗行业发展前景广阔

以数字化手段提升医疗普惠服务水平，助力建设健康中国。深化和拓展医疗信息化应用范围，普及应用居民电子健康码，加快医保电子凭证推广应用，持续提升偏远农村地区远程医疗设施和设备的普及等。这一系列重要任务旨在提升数字医疗的普惠化水平，利用数字技术使优质医疗资源尽可能触及更多的人民群众。此外，统筹开展国家级健康医疗大数据资源目录体系建设，建设全国统一的医疗保障信息平台，加快异地转诊、就医、住院、医保等医疗全流程在线办理，进一步推动实现全国医保"一张网"，为人民群众提供实实在在的便利化医疗服务。

其中，智慧医院系统作为数字医疗的一项重要举措，正在逐步取代传统医院的管理模式，成为数字化时代医疗的未来。智慧医院系统有许多创新和便利条件。首先，它可以使医院的日常医疗、管理和服务过程全面数字化。通过智能化、自动化的技术手段，实现医疗信息的快速传输和处理，使医院的各个部门之间实现高效协同配合，提高全院服务水平和医疗质量。其次，智慧医院系统可以大大节省人力和物力成本，降低医疗资源的浪费，提高医疗资源的利用效率。最后，智慧医院系统还可以方便患者就医，提高患者的满意度。智慧医院系统有门诊预约挂号、电子病历管理、检验报告查询、药品管理、医学影像管理等模块。其中，智慧药房是非常重要的模块，患者可线上下单购买处方药，并及时送到家中，大大提高患者的便捷性。

人工智能帮助医生更快、更准确地诊断疾病，并根据大数据分析技术来预测疾病风险和治疗效果。移动设备和应用程序的普及使得移动医疗走进人们的生活，未来，包括医疗咨询、远程医疗、线上问诊等移动医疗将会更加完善。大数据和云计算帮助医生更好地分析病情和制定治疗方案。未来，医疗也将更加个性化，患者的基因、身体状况、饮食、生活方式等因素都会被纳入医疗考虑范畴，有利于对患者制定更为精准的治疗方案。随着人们对自身健康的更多关注，家庭医疗和社区医疗方面的需求也会上升。数字医疗将为健康管理服务提供更多选择，比如远程监测、智能穿戴设备等。数字医疗的未来发展将会呈现信息化、数字化、个性化、智能化的趋势，发展前景广阔。

3.数字经济推动就业结构发生深刻变革

《2023年国务院政府工作报告》要求"落实落细就业优先政策，把促进青年特别是高校毕业生就业工作摆在更加突出的位置，切实保障好基本民生"。以数字化手段优化就业服务，提升基本社会服务和社会保障的数字化供给能力，优化在线服务功能，加强产业人才供需对接与精准服务力度，建设退役军人网络服务体系，打造退役军人互联网服务平台等，促进产业人才更加便利地找到与自身相匹配的工作，更好地解决退役军人的就业需求。此外，建设低收入人口动态监测体系，健全失业人口监测预警机制，有助于进一步提升社会救助的精准度，及时为失业人群提供必要协助，建立和谐有序的社会发展环境，从根本上降低社会的不稳定因素。

数字就业，是指由数字技术应用和数字经济相关产业发展而产生的就业，既有传统就业形态的数字化转型，也有越来越多的新就业形态和新职业，同时，数字就业朝高质量、可持续转向。数字就业按照就业内容可以分为数字产业化就业、产业数字化就业和数字化治理就业三大类。其中，数字产业化就业可以细分为电子信息制造就业、基础设施建设就业和前沿数字技术就业；产业数字化就业可以细分为第一产业就业、第二产业就业和第三产业就业；数字化治理就业可以分为数字化公共服务就业和电子政务服务就业。数字化就业的主要特征有：网络和数字技术是重要支撑，更容易形成网络效应和规模效应；就业可以突破时空限制，更具灵活性和包容性，劳动者与用人单位之间的关系也更加复杂等。

数字化技术改变了传统就业的工作方式和环境，数字经济将成为新型就业岗位的"孵化器"和"蓄水池"，"平台型就业""生态圈就业"不断发展。人社部2022年颁布的职业分类大典中，净增97个数字就业岗位种类，如数字化管理师、物联网安装调试员、无人机驾驶员、电子竞技员等。新职业不仅丰富着就业岗位的种类，也在改变着整个社会的就业结构，反映了我国经济发展"量"与"质"的变化。预计到2025年，数字经济带动就业人数将达到3.79亿人。数字化就业显著提高了劳动市场服务效率，借助数字技术和算法强大的资源汇聚和匹配能力，平台企业可以实现对劳动供需双方高效率和大规模的匹配调度，提高劳动市场效率。随着平台经济在各个领域的渗透，人力资源服务业数字化转型也呈现加速态势。数字化就业有助于提升劳动者的职业技能，实现更好的就业。各种在线职业教育平台的发展极大地提高了劳动者的技能及其对快速变化的新技术的适应力，劳动者数字技能的积累以及由此带来的人力资本的提升，是高质量充分就业的应有之义。当前，我国数字经济发展已进入新一轮的加速期，数据要素红利加速释放，将更好地发挥数字生态带动新增就业的力量，开启数字化就业新蓝海，有利于落实就业优先战略，实现更加充分、更高质量的就业。

4. 数字技术赋能，推进文旅新融合

以数字化手段丰富文旅服务，形成文明健康的生活方式。丰富多彩的文化生活是精神文明建设的重要方面，也是推进社会高质量发展的重要内涵。通过数字化建设推动文化馆、博物馆等各类文化资源"线上化"，通过培育云旅游、云直播、云演艺等新业态，推动实体景区等发展线上数字化体验产品，打造沉浸式旅游体验新场景。借助必要的数字化手段，可将线下丰富、优质的文化和旅游资源迁移到线上，打破了原有的时空限制，促进文化的交流互鉴和繁荣发展。

建立智慧景区，提升文化服务体验。智慧景区的建设主要是景区管理和营销提供一体化服务，包括门票购买、电子导览、讲解服务、食宿预订等方面。通过获取游客偏好信息进行数据整合，在设计文化展现方式时，适应游客的兴趣爱好，最终提升景区品质和游客的服务体验。这种数字化和智慧化的手段，可以满足人们生活水平的提高和旅游消费需求日益多样化、个性化的趋势，满足人们对快速准确获取、加工、利用信息的高要求。

构建文旅数字资源体系，传承本土非遗文化，升级景区文化内涵。互联网技术和新媒体形式是非遗传播的重要载体。借助新媒体和网络平台的传播，可以为非物质文化遗产的传承和保护赋能，让非遗文化焕发新的生命力。同时，借助"文化消费"的东风，顺应时代潮流，打造"数字化＋非遗"跨界融合的保护新模式，将传统工艺产业从传统营销向网络营销转变，推动非遗传统技艺向产业化发展。

推动数字文化创意产业发展，技术化呈现文化特色，实现全域旅游。通过将非物质文化遗产与旅游产业相结合，并将其打造为融合发展模式，既可以为当地增加就业岗位，又可以为传承人和经营者带来经济收益，推动新农村建设，提高当地的发展能力。全域旅游是新时期重要的旅游发展路径，应以互联网化和数字化为引领，通过智慧旅游的科技手段，打破旅游全产业链条的数据孤岛和智能设备的应用壁垒，实现文化旅游产业的创新、转型和升级。数字媒体技术的不断更新和升级，为数字媒体艺术的发展提供了机会，也推动了文化创意产业的繁荣。因此，需要技术化地呈现文化特色，推动数字文化创意产业的发展，通过数字化手段实现全域旅游，为文化旅游产业的转型升级提供更多的创新思路和实践经验。

我国进入了新发展阶段，对我国民生保障各领域建设提出了新的更高要求。构建普惠便捷的数字民生保障体系，对于提升我国民生福祉、全民受教育程度，完善卫生健康体系，实现更加充分、更高质量的就业，提升公共文化服务水平和社会文明程度，具有重大而深远的意义。

数字技术构筑网络时代数字安全盾牌

数字安全是数字经济发展的底线，对数字中国建设具有重要意义。数字安全，指保护计算机系统、网络及其数据的机密性、完整性和可用性，以及防止未经授权的访问、窃取、破坏、篡改和泄露。数字安全主要体现在计算机安全、网络安全、移动设备安全和数据安全等方面。

1. 计算机安全

计算机安全主要包括计算机存储数据的安全和计算机硬件的安全。

计算机存储数据的安全。计算机安全中最重要的是存储数据的安全，其面临的主要威胁包括计算机病毒、非法访问、计算机电磁辐射、硬件损坏等。由于计算机本身就是向空间辐射的强大的脉冲源，和一个小电台差不多，频率在几十千周到上百兆周。盗窃者可以接收计算机辐射出来的电磁波，进行复原，获取计算机中的数据。

计算机硬件的安全。计算机在使用过程中，对外部环境有一定的要求，即计算机周围的环境应尽量保持清洁、温度和湿度应该合适、电压稳定，以保证计算机硬件可靠地运行。电源泄密的原理是通过电线，把电脑产生的电磁信号沿电线传出去，利用特殊设备从电源线上就可以把信号截取下来进行还原。

从技术上看，系统漏洞是计算机病毒和黑客攻击系统的通道。计算机病毒是人为的、具有自我复制与传播能力的小程序，通过网络、系统漏洞和可移动存储介质传播，破坏用户计算机系统。主动攻击是黑客和病毒通过主动攻击破坏网络和计算机系统，以篡改数据、引发计算机系统崩溃和数据泄露为目标。被动攻击是黑客或间谍组织通过网络窃听、流量分析、数据包拦截等手段收集网络中流传的数据，获取网络中传递的敏感信息。木马是以盗窃敏感信息为目标放置在诱惑性强的网站上。木马与病毒结合形成综合攻击，是一种被动攻击加主动攻击。黑客入侵是利用黑客软件和网络端口分析，入侵用户的计算机和网络系统，获取敏感信息，或者对用户的数据实施删改，对计算机安全造成严重的风险。

计算机安全主要有五个属性。其中，可用性是指计算机及网络应该处于正常工作状态，能够对用户的访问需求正确地、及时地进行应答。可靠性是指计算机系统可靠，一方面指计算机硬件系统可靠，另一方面指计算机软件系统和数据具有可靠性。完整性是指计算机系统内部的数据和文档应该满足完整性约束，主要指软件和数据不能残缺。保密性是指计算机系统中的数据满足保密性要求，不相干的人、非授权用户应该无权访问系统内部的数据。不可抵赖性是指接收方能够对接收到的数据实施验证，证明数据的来源，有效地证明数据的发送者，使得发送者不可抵赖。其他安全属性还包括可控性、可审查性、认证、访问控制等。

2. 网络安全

网络安全主要分为四个方面，分别是网络通信安全、信息安全、系统安全和应用安全。

网络通信安全是指在网络通信过程中，保障网络通信的机密性、完整性和可用性的安全措施。其中，机密性是指保护通信内容不被非法获取，完整性是指保护通信内容不被篡改，可用性是指保证网络通信服务的正常进行。为了实现网络通信安全，可以采取诸如数据加密、防火墙、虚拟专用网络（VPN）等技术手段，以及加强网络安全培训等措施。

信息安全是指在信息存储、传输、处理和使用的过程中，保障信息的机密性、完整性和可用性的安全措施。其中，机密性是指保护信息不被非法获取，完整性是指保护信息不被篡改，可用性是指保证信息服务的正常进行。为了实现信息安全，可以采取诸如数据加密、访问控制、备份和恢复等技术手段，以及加强信息安全培训等措施。

系统安全是指在计算机系统的设计、开发、部署、使用和维护的过程中，保障系统的机密性、完整性和可用性的安全措施。其中，机密性是指保护系统的敏感信息不被非法获取，完整性是指保护系统的程序和数据不被篡改，可用性是指保证系统的正常运行。为了实现系统安全，可以采取诸如访问控制、漏洞扫描、入侵检测等技术手段，以及加强系统安全培训等措施。

应用安全是指在各种应用程序的设计、开发、测试、部署和使用的过程中，保障应用程序的机密性、完整性和可用性的安全措施。其中，机密性是指保护应用程序的敏感信息不被非法获取，完整性是指保护应用程序的功能不被篡改，可用性是指保证应用程序的正常使用。为了实现应用安全，可以采取诸如访问控制、数据加密、代码审查等技术手段。

3. 移动设备安全

移动设备安全控制措施。每个移动设备应该有一个或多个访问控制机制保护。最常见的是使用强大的密码保护移动设备，iOS 和 Android 都允许从默认的四位数密码改为使用强密码。移动设备提供触摸 ID 技术——使用自己的生物指纹认证来访问设备，以及面部 ID 技术——使用自己面部识别作为生物识别认证机制。移动设备上的数据加密方面，可以启用密码保护，iOS 和 Android 系统都会自动对设备的内容进行加密，也称为全设备加密。一旦发生设备丢失或落入坏人之手的情况，可以通过网络删除设备的内容。移动设备还具备自动锁定屏幕功能，以及锁定那些试图输入错误密码太多次的用户。现在的移动安全控制一种是硬件安全模块（HSM），它能够提供高度安全的加密密钥管理。另一种是 SEAndroid——一种专门的操作系统，主要用于高度安全的应用，为安卓平台带来了强制性的访问控制。

移动设备追踪。移动设备管理软件的主要目标之一是确保一个组织能够跟踪其所有的移动设备资产。库存控制是企业安全计划的一个重要组成部分。当智能手机和平板电脑丢失或被盗时，企业失去了实物资产，以及存储在该设备上的数据（如果它没有被加密）。虽然企业可以实施加密和其他安全控制，以防止盗贼获得存储在设备上的信息，但他们仍然会产生与设备本身相关的经济损失，所以企业必须清楚移动设备的准确库存，以便在财务上负责。资产追踪软件可以帮助企业掌握其资产的库存情况。在大多数情况下，企业不仅关注智能手机和平板电脑，而且还关注笔记本电脑和台式电脑、服务器、打印机和其他计算设备。资产追踪软件应该管理设备的整个生命周期。从申请一个新设备开始，一直到订购和接收过程，包括设备的初始配置、安全策略的应用和设备作为组织财产的标签；然后，设备被分配给一个用户，也可能随着时间的推移转移给其他用户；最后是设备淘汰过程，包括从设备上删除所有的组织数据，然后将其作为剩余财产出售或以其他方式丢弃来处理。地理定位技术使企业能够实时或在历史基础上识别移动设备的位置。这通常是在快递公司这样的领域，管理层希望利用移动设备的 GPS 功能来跟踪司机的位置，以进行路线优化和解决其他问题。地理围栏允许企业在一个区域周围画一个虚拟围栏，当一个设备离开该围栏时产生警报。使用GPS跟踪技术涉及隐私问题。而且，组织在法律上和道德上有义务告知那些受监控的员工这种技术的使用。对GPS监控的控制可以严格限制访问GPS数据的人。在通知管理员的情况下，为被监控的个人提供按要求停用监控的功能。在工作时间之外自动关闭监控软件，并明确告知监控和被监控数据的授权用途。

移动设备应用安全。确保应用程序使用安全的第一步是实施应用程序控制策略，限制可在移动设备上使用的应用程序类型；允许访问数据或资源的应用程序需要认证。围绕这些应用程序的凭证管理应该与我们访问其他敏感资源时使用的相同。例如，如果应用程序使用密码认证，要确保他们使用的密码与组织的密码安全政策的强度相符。并且，把应用认证与组织的中央认证服务联系起来，通常是最好的方法。用户不需要学习新的密码或其他认证技术，如果用户离开组织，可以撤销他们的中央认证账户，他们将自动失去对应用程序的访问。如果应用程序有自己的认证机制，安全管理员将需要手动禁用该访问，作为账户撤销过程的一部分。良好的加密还需要强大的密钥管理。我们应该知道使用什么加密密钥来保护敏感信息，它们被储存在哪里，以及谁可以访问它们。在评估移动设备应用安全时，应该考虑的最后一个问题是地理标记的使用。现在，移动设备通常采用GPS技术，以准确定位其在地球上的位置，许多应用程序利用这一信息来改善它们向用户提供的服务。移动设备允许用户和管理员准确地指定哪些应用程序可以访问位置信息，以及在什么情况下可以访问。请确保了解这些设置并适当地应用它们。

4. 数据安全

为防止计算机中的数据意外丢失，需要磁盘阵列，即把多个类型、容量、接口甚至品牌一致的专用磁盘或普通硬盘连成一个阵列，使其以快速、准确、安全的方式读写磁盘数据。双机容错的目的在于保证系统数据和服务的在线性，即当某一系统发生故障时，仍能正常向网络系统提供数据和服务。异地容灾，是以异地实时备份为基础的高效、可靠的远程数据存储，在各单位的 IT 系统中，核心部分生产中心会配备一个备份中心，该备份中心是远程的，并且在生产中心的内部已经实施了各种各样的数据保护。当火灾、地震发生，生产中心瘫痪时，备份中心会接管生产，继续提供服务。数据库加密是为增强数据库管理系统的安全性，对数据库存储内容实施有效保护。硬盘安全加密，是对故障硬盘进行安全加密，使硬盘维修商根本无法查看，绝对保证了内部数据的安全性。

数据加密被公认是保护数据传输安全唯一实用的方法和保护存储数据安全的有效方法，是数据保护在技术上最重要的防线。现代密码技术分为对称加密算法和不对称加密算法两种。在对称加密算法中，数据加密和解密采用的都是同一个密钥，因而其安全性依赖于密钥的安全性。其优点是加密和解密速度快，加密强度高，且算法公开，缺点是实现密钥的秘密分发困难，在用户模式庞大的情况下密钥管理复杂，而且无法完成身份认证等功能，不便于应用在网络开放的环境中。而在不对称加密算法中，只有使用匹配的一对公钥和私钥，才能完成对明文的加密和解密过程。两个密钥特别适用于分布式系统中的数据加密。

使用数据传输加密技术的目的是对传输中的数据流加密，以防止通信线路上的窃听、泄露、篡改和破坏。数据传输的完整性通常通过数字签名的方式来实现，接收方在收到数据的同时也收到该数据的数字签名，接收方计算出数字签名，并把该数字签名和接收到的数字签名进行比较，若二者相同，则说明数据在传输过程中未被修改。

保护数据不仅要使数据正确、长久地存在，还要让不该看到数据的人看不到，这就需要依靠身份认证技术上锁。身份认证是整个信息安全体系的基础。由于网上的通信双方互不见面，必须在交换敏感信息时确认真实身份。身份认证是网络安全的第一道防线，也是最重要的一道防线。

第八章
数字中国建设发展中动力十足的
数字金融领域

在数字中国建设中，数字金融是一个发展动力十足的关键领域。数字金融作为推动经济发展和社会进步的重要引擎，正以其强大的动力和创新的力量，引领着金融行业的变革与革新。通过数字化技术的应用和金融服务的创新，数字金融正在为实现数字中国的目标提供强有力的支持。让我们共同探索数字金融的前沿趋势和发展机遇，共同推动数字中国建设迈上新的台阶。

数字金融，就是用数字技术实现普惠金融，包括电子支付、人民币数字化、金融科技、互联网金融、数字化投资、金融区块链、人工智能金融、大数据金融、云计算金融、物联网金融等。它们将为数字中国建设注入新的动力和活力，推动数字时代的繁荣和可持续发展。

电子支付创新数字金融时代支付方式

电子支付正在以惊人的速度改变着我们的支付方式和消费习惯。随着移动互联网和智能手机的普及，电子支付已成为人们生活中不可或缺的部分。从传统的现金和刷卡支付，到如今的移动支付和无接触支付，如二维码支付、声波支付、人脸识别支付等，电子支付正不断地演进和升级，为我们带来更加便捷、安全和高效的支付体验。

电子支付的业务类型按电子支付指令发起方式分为网上支付、电话支付、移动支付、销售点终端交易、自动柜员机交易和其他电子支付。移动支付是电子支付的一种方式，正逐渐成为主流的支付方式。同时，移动支付还支持个人间的转账和红包功能，使得支付变得更加个性化和社交化。移动支付的普及也促进了电子商务的快速发展，成为数字经济的重要组成部分。

无接触支付是电子支付的前沿技术之一。无接触支付利用近场通信技术，用户只需将手机或其他支持无接触支付的设备靠近 POS 机或读卡器，即可完成支付。这种支付方式不仅快速便捷，还更加安全，因为用户的支付信息不会暴露在外部设备上，减少了被盗风险。

此外，电子支付还在不断地探索和应用新的技术，如区块链和虚拟货币。区块链技术可以提供更加安全和透明的支付环境，保护用户的隐私和交易安全。虚拟货币则是一种基于加密技术的数字资产，具有去中心化、匿名性和全球可交易等特点。虚拟货币的出现为电子支付带来了更多的选择和可能性，同时也挑战了传统金融体系的权威和监管。

在电子支付的最前沿，还有一些新兴技术和概念正在崭露头角。例如，可以通过指纹、面部识别等生物识别技术验证用户身份，提高支付的安全性和便利性。人工智能和大数据分析技术则可以帮助支付机构更好地了解用户的需求和行为，提供个性化的支付服务。然而，电子支付的快速发展也带来了一些挑战和风险。支付安全、隐私保护、数据泄露等成了亟待解决的问题。此外，数字鸿沟和信息不对称也限制了电子支付的普及和发展。

总的来说，电子支付作为数字金融领域最前沿的创新之一，正以其便捷、安全和高效的特点改变着我们的支付方式和消费习惯。随着技术的不断进步和创新的推动，电子支付将继续发展壮大，为数字中国建设和经济发展注入新的动力。然而，我们也需要在推动电子支付发展的同时，加强监管和保护用户权益，确保电子支付的可持续和健康发展。

数字人民币为高质量发展增添动力

数字人民币，是由中国人民银行发行的数字形式的法定货币，由指定运营机构参与运营并向公众兑换，以广义账户体系为基础，支持银行账户松耦合功能，与纸钞硬币等价，具有价值特征和法偿性，支持可控匿名。其具有安全性高、便捷性、可追溯性、低成本等特点。

数字人民币可以双离线支付，像纸钞一样满足飞机、邮轮、地下停车场等网络信号不佳场所的电子支付需求。安全性更高，如果真的发生了盗用等行为，实名钱包中的数字人民币可提供挂失功能。多终端选择，对于不愿意用或者没有能力用智能手机的人群，可以选择 IC 卡、功能机或者其他的硬件。多信息强度，根据掌握客户信息的强度不同，数字人民币钱包可分成几个等级，如大额支付或转账，必须通过信息强度高的实名钱包。点对点交付，通过数字货币智能合约的方式，可以实现定点到人交付。民生资金，可以发放到群众的数字钱包上，从而杜绝虚报冒领、截留挪用的可能性。高可追溯性，在有权机关严格依照程序出具相应法律文书的情况下，进行相应的数据验证和交叉比对，为打击违法犯罪提供信息支持。

推行数字人民币丰富了央行向社会公众提供的现金形态，满足公众对数字形态现金的需求，助力普惠金融，打破支付垄断。数字人民币支持零售支付领域的公平、效率和安全。数字人民币具有法律保障，从理论上讲，商业银行可能出现破产的情况，一旦出现风险会导致用户巨大的财产损失。数字人民币是国家的法定货币，由国家信用担保，更加具有法律保障。数字人民币的支付方式更加便捷，节省成本。一是数字人民币可以实时到账，提高了资金的使用效率，也提升了货币政策的传导效率。二是数字人民币更加节省成本。数字人民币的发行成本比现在的纸币、硬币的发行成本低很多。数字人民币增强了货币政策与财政政策的协调性。数字人民币的推出对财政政策产生了重大影响，如财政直达可以使得直达的速度更快，方式更加灵活，在扶贫、结构性的减税降费等领域都可以发挥其积极作用。数字人民币有利于我国扩大内需政策的落实和新发展格局的加快构建。数字人民币在国际支付中将发挥重要作用，助力人民币国际化，保证我国金融安全。

金融科技助推金融业数字化转型

以大数据、云计算、人工智能、区块链以及移动互联网为引领的新的工业革命与科技革命，会导致金融学科的边界、研究范式不断被打破和重构。

金融科技将会在四个维度促进我国金融行业发展进入一个全新的时代。

维护国家金融安全。金融安全是国家安全的重要组成部分。随着金融科技的快速发展，金融市场中收集和分析数据将更加容易，并更多地减少信息不对称。基于人工智能与大数据的交易和投资策略可以重新定义金融市场的价格发现机制，提升交易速度，促进金融市场的流动性，提升金融市场的效率和稳定性，监管机构可以更高效地分析、预警和防范金融市场的系统性风险。

助力金融业"弯道超车"。金融科技中的智能金融技术，是通过利用大数据及人工智能技术来帮助传统金融行业节省人力成本，减少员工重复劳动。我国人工智能技术研究中的一些领域，比如算法研究，已处于国际前列，借助这一力量发展金融科技，更有利于与实际问题相结合，最终提升金融机构的生产效率。

实现民生普惠。随着大数据金融、互联网金融以及区块链技术的普及，金融科技的应用和发展可以让更多的人尤其是贫困人口以更低成本、更为便捷地获得金融服务，分享更多实实在在的改革成果。

助推"一带一路"建设。借助金融基础设施和科学信息技术管理，可以让"一带一路"合作伙伴分享我国金融科技的成果。比如，我国的移动支付已开始助力"一带一路"合作伙伴的经济与金融发展。不同的文化、政治、经济的差异，使得大数据的互联互通、金融与经济数据信息共享备受挑战，而解决这些难题的抓手将是利用金融科技。

金融科技在金融业数字化转型过程中发挥作用，关键是做好三个融合：

（1）技术和技术的融合。包括各种先进技术的叠加复用和相互渗透产生的融合。例如，人工智能、区块链和云计算等技术的融合将有助于提高金融服务的效率和安全性。

（2）技术和业务的融合。通过将技术运用到金融业务中，例如应用物联网技术、大数据分析和风险控制模型等，可以创新金融场景和业务模式，提升金融服务的质量和效率。这也将进一步推动金融业务创新，降低运营和风控成本，提升业务效率和内部管理效能。

（3）金融场景和非金融场景的融合。4.0时代的银行，服务无所不在。金融机构与各个商业机构、金融科技企业等生态合作伙伴一起共建数字化生态场景，共享数据、算法、交易、流程和其他业务功能，共同实现银行服务无处不在的愿景。这种金融和非金融融合的场景是一种平台化的商业模式，也是中国现代商业银行数字化转型的必经之路。通过不断提升人民群众对金融服务的易得感和满意度，将会使金融服务的人民性体现得更加充分。

互联网金融助推我国经济社会发展

互联网金融就是互联网技术和金融功能的有机结合。依托大数据和云计算在开放的互联网平台上形成的功能化金融业态及其服务体系，包括基于网络平台的金融市场体系、金融服务体系、金融组织体系、金融产品体系以及互联网金融监管体系等，有相异于传统金融的普惠金融、平台金融、信息金融和碎片金融等金融模式。互联网金融具有成本低、效率高、覆盖广、发展快、管理弱、风险大的特点。

互联网金融通常以众筹、P2P 网贷、第三方支付、余额宝、比特币、大数据金融、信息化金融机构、互联网金融门户等形式出现。当前互联网金融风险隐患多以及法律地位不明确，且游离于金融监管体系之外，对金融体系安全、社会稳定产生较大冲击，加强互联网金融监管已经刻不容缓。

互联网金融的优势在于促进金融市场改革发展，推动利率市场化和汇率市场化，更加便捷地交易和融资，降低金融中介成本，增强金融市场的竞争力和透明度。推动金融监管体系的创新和完善，提高金融监管的效率和精度。为金融业创新发展提供新的机遇，金融机构可以更加便捷地获取市场信息，提高自主创新和竞争力。提高金融服务的质量和水平，为客户提供更加便捷、高效、个性化的金融服务。促进金融绿色发展。有利于人们投资理财方式的多样化选择，增加居民的财产性收入。个人投资者可以更加便捷地获取金融信息、进行投资，提高了个人理财的效率和收益。为小微企业融资提供了更加便捷的渠道和更加优惠的融资成本，促进小微企业的发展创新。

数字资产投资风口

数字资产，是指使用加密技术和区块链技术创建、存储和交易的数字化资产，其存在于区块链上。数字资产可分为有形数字资产和无形数字资产两种。有形数字资产包括数字基础设施，无形数字资产包括数据资产、软件/算法资产、加密数字资产等。数字基础设施资产包括互联网平台、计算机、物联网、5G、云计算平台、大数据、区块链、GPT、人工智能程序和机器人程序、扩展现实技术、智能互联网＋传统基础设施。数据资产蕴藏着世界运行的信息，是对事实的记录和描述，是生产数字化信息和知识的原材料。软件/算法资产包括硬件算法、软件程序和人工智能算法，算法可以产生新的数据或信息、知识等内容，如生威式人工智能（AIGC）。加密数字资产可用代币作为凭证，分为同质化代币（FT）和非同质化代币（NFT），包括比特币、以太坊、瑞波币，数字化的股票、股权、债券、对冲基金、期货、期权、数据资产，数字知识产权、数字艺术品、数字不动产、数字文化遗产、数字城市资产，等等。

数字资产的发行是增加社会融资渠道，降低国际融资门槛，拓宽社会融资市场层面的一种突破。数字资产除了国际外汇结算、支付等功能外，还可以以积分的形式出现。基于区块链技术的数字资产由公钥、私钥和系统规则共同决定，其中公钥是开放的，私钥是随机算法生成的一个巨大的字符串，具有不可预测、不可重现和随机性等特点。通过这一机制，可以一定程度地保护交易的安全性和私钥的隐秘性。数字资产的交易必须基于其所存在的区块链系统，采用分布式分类账技术分别保存在区块链网络上的所有节点上，由区块链网络中的每一个参与者独立保存并实时更新。区块链资产的交易行为通过"广播"的形式到达所有参与者组成的网络中，一旦确认有效，就会被添加到账本中，从而达到确保维持可靠的交易历史记录的核心目的，避免了双重支付的问题。基于区块链技术的数字资产从持有到交易都不需要第三方机构参与，高度的自治性既降低了交易成本，又提高了资产的流动效率。数字资产的交易规则是通过筛选出来的特殊节点进行投票，在短时间内完成对交易的验证和确认，这被称为共识机制。这种共识机制在区块链的每一个节点都被统一遵循，以确保账本数据的一致性和准确性。不同的区块链会有不同的算法方案，以确定不同节点关于工作量证明、权益证明或授权证明的约定。

当然，风口与风险并存。数字资产存在错误信息和诈骗的风险、市场波动和最大财产损失风险、有限的监管风险、网络安全风险和技术壁垒，需要规避驾驭。

金融区块链给各个领域带来商业价值

金融区块链，是指区块链在金融领域的应用。

区块链技术被看作可以改变现有的交易模式、从底层基础设施重构社会的突破性变革技术。区块链金融可以实现交易的去中心化、透明化和安全化，降低交易成本、提高效率，更好地满足客户需求，促进普惠金融的发展。

区块链技术可以实现去中心化的借贷，即 P2P 借贷。借款人和贷款人可以直接进行交易，无须经过传统金融机构的参与。借贷合同和还款记录将被永久记录在区块链上，提高了透明度和信任度。区块链技术可以实现资产证券化的数字化过程，使得传统金融机构可以将资产转化为可交易的数字代币。这样可以提高流动性和市场参与度，同时降低交易成本。传统的跨境支付通常需要多个中介机构参与，费用高、时间长、效率低。而区块链技术可以提供安全、快速和低成本的跨境支付解决方案，实现实时跨境转账。传统的金融机构在面对小额支付时，往往存在高成本和低效率的问题。区块链技术可以提供便捷、低成本的小额支付解决方案，推动小额支付的普及。区块链技术可以改进传统的清算和结算过程，提高效率和准确性。通过区块链的分布式账本，可以实现实时交易确认和账务处理，降低操作风险和成本。区块链技术的智能合约可以自动执行规则，无须第三方干预，提高效率和减少争议。区块链技术可以推动金融衍生品的创新。例如，通过区块链可以实现分布式交易所和场外衍生品市场，使得交易更加透明、高效和安全。区块链技术可以建立起完整、不可篡改的交易记录，增加金融交易的可追溯性和透明度，从而减少欺诈和洗钱的风险。区块链技术可以提供去中心化的身份认证解决方案，保护用户隐私和安全。通过区块链的公开透明性和密码学算法，可以确保用户身份信息的真实性和安全性。未来，区块链技术将与人工智能、大数据、云计算等技术相结合，形成更加完整和高效的金融科技生态系统。

当然，区块链技术本身并不能解决所有的可信度问题。例如，在智能合约中，由于合约的执行完全依赖代码和算法，如果代码和算法存在缺陷或漏洞，可能会导致合约的失败或欺诈行为的发生。由于交易的加密和验证需要耗费大量的计算能力，当前区块链网络的吞吐量比较低，限制了区块链技术的应用场景。随着区块链网络规模的扩大，节点数量的增加，交易量的增加，系统的性能和效率将面临更大的挑战。虽然区块链技术可以保证交易记录的安全性和不可篡改性，但同时也存在隐私泄露的问题。因为每个区块链节点都拥有一个完整的账本，这意味着交易信息和身份信息在网络上公开可见，特别是在使用公共区块链时，个人的隐私数据可能被不法分子利用。很多国家对于区块链技术的法律法规还不完善，这给区块链技术的发展带来了一定的风险和不确定性。

人工智能金融助力更好地决策和管理风险

人工智能金融，是一项将人工智能技术应用到金融领域中的新兴技术，它通过机器学习、数据挖掘、自然语言处理等技术手段，全面赋能金融机构，提升金融机构的服务效率，拓展金融服务的广度和深度，使得全社会都能获得平等、高效、专业的金融服务，实现金融服务的智能化、个性化、定制化。

人工智能金融应用于智能获客，通过对海量金融数据的分析和挖掘，可以实现对客户需求的精准预测和定向营销，提高获客效率和客户满意度。身份识别也是人工智能金融的重要应用之一。借助人工智能技术的活体识别、图像识别、声纹识别和光学字符识别（OCR）等手段，可以实现对客户身份的高效核验，降低核验成本和提高身份安全性。人工智能金融应用于大数据风控，通过大数据、算力和算法的结合，可以构建反欺诈、信用风险等多维度的风险控制模型，实现对金融机构的信用风险和操作风险的精准监控和控制，从而有效避免资产损失和经营风险。人工智能金融应用于智能投顾，基于大数据和算法，可以对用户和资产信息进行标签化，实现精准匹配用户和资产，提供智能化的投资建议和资产配置方案，帮助用户实现理财增值。人工智能金融应用于智能客服，基于自然语言处理和语音识别能力，可以实现金融机构客服的智能化和自动化，提供更加高效、便捷和个性化的服务。同时，智能客服也可以降低金融机构的服务成本，提高服务效率和满意度。人工智能金融应用于金融云，依托云计算能力，金融科技公司可以为金融机构提供更安全、高效的全套金融解决方案，包括云存储、云计算、云安全等服务，从而大幅降低金融机构的 IT 成本和风险。人工智能金融应用于区块链，区块链技术本身具有透明且不可篡改的特性，在金融领域具有广泛的应用场景。尤其是在资产证券化过程中，区块链技术可以实现整个流程的透明化和安全化，从而提高交易效率，降低交易成本。此外，区块链技术还可以帮助金融机构实现资产管理、数字身份认证、防欺诈等，从而提高金融交易的透明度和安全性，降低交易成本和风险。

人工智能金融的技术应用与解决方案设置具有较高的部署成本。金融机构的数据治理普遍处于起步阶段，难以为人工智能提供充足的数据要素支撑。在机器学习领域，输入数据和输出答案之间存在着不透明空间的问题。有效的激励相容机制尚待形成，金融机构业务流程中的权责相称需进一步探索。在算法歧视、大数据杀熟、信息泄露等金融科技伦理合规方面也存在挑战。

大数据金融重塑金融核心领域

大数据金融，是一种基于海量非结构化数据的分析和挖掘技术，通过实时搜集和处理客户的交易、消费和社交等多维度数据，为金融机构提供全方位的客户信息，并准确预测客户行为需求，帮助金融机构制定精准营销策略和风险控制方案，提高客户满意度和业务效率。在互联网金融领域，大数据金融成为必备技术手段，帮助金融机构在激烈的市场竞争中获得更大优势和商业机会。大数据金融重塑了银行业、保险业、证券投资业等金融行业的核心领域，推动了金融实务的持续创新。

　　大数据金融的优势是具有数据客观、精准匹配的特性。大数据金融通过采集和分析客户的交易信息、网络社交行为、资金流走向等非结构化数据，了解客户的消费习惯和金融需求。由于这些数据是基于客户自身的行为的，因此具有客观真实的特点。同时，大数据金融可以根据数据特征和行为模式，为不同的客户制定精准的营销策略和产品推荐，提高客户满意度和转化率。大数据金融的交易成本低，客户群体大。大数据金融基于大数据云计算，通过预先设定的程序进行自动化处理和分析客户数据，降低了搜集数据和分析数据的成本和时间成本。这不仅整合了碎片化的需求和供给，也使得大数据金融的交易成本大大降低，实现了跨区域信息流动和交流。由于大数据金融的成本和效率优势，金融机构可以更好地服务客户，同时扩大客户群体，包括那些以前没有得到足够关注的中小企业和个人客户。大数据金融的数据及时有效，有助于控制风险。在大数据金融模式中，互联网企业可以通过设定各种风险指标，例如违约率、迟延交货率、售后投诉率等，来监测和评估客户的信用状态和风险水平。同时，大数据金融也可以通过实时监测和分析客户数据，及时发现和预防潜在的风险和问题，从而提高风险控制和防范的能力。这不仅可以保障金融市场的稳定和安全，同时也可以为金融机构提供更好的商业机会和竞争优势。

　　大数据金融需要解决的问题有，大量数据往来需要数据基础设施做支撑，数据基础设施承载力不足。数据共享平台缺乏，难以满足个性化需求，金融对数据处理分析管理展现要求很高，加大了技术决策风险系数。存在安全泄露和身份盗用风险，金融机构需要采取一系列的技术手段来防止数据被盗取或篡改，如数据加密、访问权限控制等。数据来源多样性及数据源参差不齐，存在数据质量问题，导致金融决策的失误和风险增加。因此，金融机构需要建立数据质量管理体系和技术体系标准，对数据进行规范化、清洗、整合和校验等操作。金融机构通常会与第三方机构合作，如供应商、客户等，这些合作行为也带来了信息安全方面的挑战。例如，第三方机构可能存在安全隐患，或者可能利用合作机会窃取或篡改机构的数据。金融机构需要建立健全的合作管理机制，包括安全审计、安全合同、数据隐私保护等。

云金融的创新发展

云金融，是指基于云计算商业模式应用的金融产品、信息、服务、用户、各类机构，以及金融云服务平台的总称，可以提高金融机构的运营效率、降低成本和风险、增加业务种类和收入来源，提升金融系统安全并改善业务流程和客户体验。

构建云金融信息处理系统，可以降低金融机构的运营成本，使不同类型的金融机构分享金融全网信息，统一网络接口规则，增加金融机构业务种类和收入来源。构建云金融安全系统，推出云安全解决方案，具有极高的可行性和应用价值，能够进一步保障国内金融系统的信息安全。构建云金融服务，通过云化的金融理念和金融机构的线上优势，可以协同多家银行，通过网络和手机等多种设备为客户提供云化的资产管理服务，为客户提供前所未有的便利性和产品体验，如云计算风险评估模型能为保险业分析大数据，找出潜在风险，给出相应的防范措施。

金融系统具有很强的保密性和敏感性，云计算如何在运用中保证数据隐私和安全，保证客户数据不泄露是需要解决的问题。云计算环境容易成为黑客的攻击目标，因此，需要构建完善的安全防御体系。金融机构需要与云服务商共同应对合规性与监管要求，保证供应链合规；需要选择高安全性能和储存机制的云存储解决方案，并制定有效的数据管理策略。云计算环境下的信息安全依赖于金融机构内部员工的意识和行为，金融机构应加强员工的信息安全意识培训。

物联网金融万物智联

物联网金融，是指所有基于物联网技术的金融服务和创新。

物联网金融使得由主要面向"人"的金融服务延伸到可以面向"物"的金融服务。物联网金融技术与理念可以实现各类商品的智慧金融服务；可以借助物联网技术整合各类经济活动，实现金融自动化与智能化；可以使金融服务创新融入整个物理世界，创造出很多新型的商业模式。

主要创新模式有仓储物联网金融，即在仓储金融的基础上发展起来的金融服务，是借助物联网技术对仓单质押、融通仓、物资银行等服务的进一步提升。借助物联网技术，可以对仓储金融的监管服务实现网络化、可视化、智能化，使得过去独立的仓储金融服务得到发展，也可使金融创新服务风险得到有效控制。货运物联网金融，是在货运车联网技术的基础上创新的金融服务。货运物联网金融服务可以借助双向管理（金融管理与物联网管理）手段和复合金融卡技术（RFID 卡与银行卡合一），面向货运车辆，实现一车一卡，集成卡车运营中的一切商务活动，进行金融服务创新。公共服务物联网金融，是在远程抄表系统的智能卡上集成金融服务，可以实现远程金融直接结算，为控制风险，可增加手机或网络实时授权确认功能。这项金融服务可在燃气、水表、电表等公共服务上应用，并可以集成在同一卡上，打通各个公共服务物联网，实现各个专业的、孤立的物联网之间的共享服务。设备物联网融资租赁，是通过物联网技术实时监控租赁设备运行状态，确保设备安全、不被挪用，同时通过对设备运行状态监控，分析公司经营状况，提前进行风险预警和预防。

　　物联网金融能提升用户体验，实现设备之间的互联互通，使用户能够更加便捷地进行金融交易和管理。例如，通过智能手机或智能手表等设备，用户可以随时随地进行支付、查询账户余额、管理投资等操作，提升了用户的便利性和体验。提高金融服务效率，物联网技术可以实现设备之间的自动化和智能化，减少人工操作的需求。拓展金融服务场景和领域，例如，通过智能家居设备，用户可以实现智能支付、智能理财等功能；通过智能车载设备，用户可以实现车载支付、车险定价等功能。这些拓展的场景和领域为金融机构提供了更多的商机和发展空间。加强风险管理和安全性，物联网技术可以实现设备之间的数据共享和实时监测，提高了金融机构对风险的感知和管理能力。例如，通过智能传感器和监控设备，金融机构可以实时监测资产运营情况，及时发现异常和风险，并采取相应的措施进行管理和控制，提高了金融服务的安全性。推动金融创新和发展，物联网技术为金融机构提供了创新的工具和手段，可以开发出更多智能化、个性化的金融产品和服务。例如，基于物联网技术的智能支付、智能投资等产品，可以满足用户个性化的需求，推动金融行业的创新和发展。促进金融普惠和包容性，物联网技术可以降低金融服务的门槛和成本，使更多的人群能够享受到金融服务。例如，通过智能手机和移动支付，可以让农村和偏远地区的居民也能方便地进行金融交易和管理，促进金融普惠和包容性的实现。

第九章
数字中国建设之数字新基建
成就斐然

在数字中国建设的征程中，数字新基建已取得了令人瞩目的成就。它包括5G网络、大数据和云计算、特高压、人工智能、物联网、区块链、AR/VR、城际交通、充电桩新基建和工业互联网。通过这些数字基础设施建设和数字化转型，我们正迈向更加智慧创新的未来，同时也为我国经济发展注入了强大动力。

超前布局6G网络，加快建设5G基站

　　6G技术是万物智联的基础，是数字中国最重要的新基建之一。2023年3月，工信部表示全面推进6G技术研发。从网络架构上看，6G具有支持多种异构网络智能互联融合的能力，以动态满足复杂多样的场景和业务需求，最深刻的变革在于向空天地海全方位多维度接入的转变。固定、移动、卫星多种连接类型，支持天基、空基、地基多种接入方式，个人、家庭、行业多种服务类型，并实现网络侧的多接入、多连接、多服务融合。

　　2020年9月，国家发改委正式发布"GW"星座计划，计划发射近1.3万颗卫星，聚焦地球低轨卫星通信。2020年11月，中国成功发射了全球首颗6G卫星。卫星互联网，即利用人造地球卫星作为中继站转发或发射无线电信号，从而实现两个或多个地球站之间的通信连接。卫星互联网通过一定数量的卫星形成规模组网，从而辐射全球，构建具备实时信息处理的大卫星系统，是一种能够完成向地面和空中终端提供宽带互联网接入等通信服务的新型网络。卫星互联网是继有线互联、无线互联之后的第三代互联网基础设施变革。随着卫星互联网技术的发展，6G时代即将来临。

　　如果说2G带来图片，3G带来视频，4G带来直播，5G带来AR/VR等应用，那么6G传递的信息将超越图片、文字、声音、视频，在AR、人工智能等感知领域带来颠覆性的改变，比如带来味觉、触觉、情感等，甚至可以通过脑机接口，直接对人体的大脑皮层进行刺激，改变学习方式。6G不是5G的升级版，而是一种全新的通信技术。"6G技术就是把陆地无线通信技术和中高低轨的卫星移动通信技术及短距离直接通信技术融合在一起，实现全球泛在覆盖的高速宽带通信。"中国工程院院士李德仁表示，"在 2025 年，预计我国'星网一期'将建成，推动 6G 技术的发展，让人类社会进入泛智能化信息社会。在 6G 时代，网络本身将变得非常智能。"

而 5G 网络是目前的数字新基建之首，是数字经济之基。在"十四五"期间，5G 将实现深刻变革和高速发展，成为国家发展战略重点。工信部积极将 5G 和集成电路等重点领域纳入国家专项规划，大力支持 5G 技术创新和产业化进程。同时，要扩大 5G 应用，实施"5G+"行动计划，扩大应用规模，特别是在制造业方面下更大的功夫。建设"5G+工业互联网"对制造业跨越式发展非常重要，1 万个以上的 5G 工厂是"十四五"期间的建设计划。

随着 5G 网络建设的规模逐渐扩大，5G 生态快速构建，5G 广泛应用在包括 5G+信息、5G+融合媒体、5G+工业互联网、5G+车联网、5G+智慧物流、5G+智慧港口、5G+智能采矿、5G+智慧电力、5G+智能油气、5G+智慧农业、5G+智慧水利、5G+智慧教育、5G+智慧医疗、5G+文化旅游、5G+智慧城市方面。5G 融入行业将继续保持超高速增长，多领域将进入全面渗透期，5G 赋能领域将持续拓宽，海事、核电、物流等多领域将成为 5G 新的发展蓝海，5G 专网及应用服务企业生产的能力将进一步成熟，5G 将更好地赋能行业数智转型，实现 5G 价值的进一步放大。

大数据和云计算赋能数字中国建设

我国正在快速迈入以数据为关键生产要素的数字经济时代。作为以数据生成、采集、存储、加工、分析、服务为主的战略性新兴产业，大数据产业的发展速度之快、辐射范围之广、影响程度之深前所未有，已经成为激发数据要素潜能的关键支撑。

在"十四五"时期，大数据将从以下三个方面赋能数字中国建设。首先，我国正抢抓数字经济发展新机遇，坚定不移实施国家大数据战略，充分发挥大数据产业的战略价值和动力作用，推动千行百业转型发展。其次，大数据与5G、云计算、人工智能、区块链等新技术加速融合，推动大数据技术架构、产品形态和服务模式的加速转变。最后，我国经济已由高速增长阶段转向高质量发展阶段，构建新发展格局，推动互联网、大数据、人工智能同产业深度融合等发展要求，赋予大数据产业新的使命和任务，为激发产业主体活力、提升发展能级增添了新动力。

除了大数据赋能数字中国建设，云计算也将成为数字经济新发展的重要催化剂。它是推动数字经济与实体经济深度融合的重要力量。

在数字经济时代，云计算将从以下三个方面推动数实融合和助推创新发展。首先，借助云计算，企业可以从买计算机到按需购买算力，实现创业效率的提升。其次，云计算将助力企业实现创新。未来，每家企业都可以拥有自己的智能客服、智能导购、智能语音助手、文案助手、人工智能设计师、自动驾驶模型等。最后，云计算应用正从互联网行业向政务、教育、金融、工业、交通、物流、医疗健康等领域渗透，上云比例和应用深度得到大幅提升。

特高压超级动脉是能源新基建的重头戏

特高压，是指1000千伏及以上交流电和±800千伏及以上直流电输电技术，是目前世界上最先进的输电方式。它具有远距离、大容量、低损耗、占地面积小等综合优势。

特高压作为新基建的重头戏，具有长期竞争力，是未来发展的重要方向。我国能源资源与负荷中心逆向分布，西部、北部地区拥有丰富的能源资源，距离东中部经济发达、能源需求量大的地区较远。特高压技术能将这两个地区"连接"起来，实现资源优化配置，还能有效消纳清洁能源。一方面，特高压能够将"三北"地区的清洁能源输送到其他地区使用；另一方面，通过建设大容量坑口电站，变输煤为输电，实现综合利用效率高、排放治理好的目的，对于防治大气污染、促进绿色发展具有重要的意义。从宏观经济角度来看，特高压具有巨大的投资规模和创造就业岗位的能力，对于稳定经济增长和普惠民生具有十分重要的作用。"十四五"期间，国家电网公司特高压建设项目的投资规模为3800亿元，从上下游产业链来看，其上游主要是电源控制端，包括防爆高低压变频器和特高压开关；中游则是特高压传输线路与设备，包括直流交流特高压、输送端缆架、绝缘器件和电器检测等；下游则主要是供电终端，包括智能电网、配电配网设备，以及最终的工业用电、生活用电等供电侧。产业链长且环环相扣，具有极强的带动力。

人工智能成为增长新引擎

人工智能是当前全球科技领域的热点之一，我国政府也高度重视人工智能的发展，并出台了一系列政策措施，以推动 AI 的发展和应用。随着新基建的推进，以及 5G 通信、云计算、大数据和物联网的普及落地，人工智能技术被日益广泛地应用在社会各个场景之中，如智慧医疗、智慧工厂、智慧金融等，还可能用于武器和军事之中。人工智能技术正在成为我国新的增长引擎，推动万亿数字经济产业的革新转型。

人工智能带来经济增长主要有三种方式：一是人工智能可以替代大部分劳动力，进行重复或复杂性工作，成为全新生产要素。二是转变工作方式，提高劳动生产率。人工智能对信息做大量分析后，可以找到企业盲点，提供理想的改进方案。三是推动创新，带动产业结构升级换代，突破原有范式，开拓新产业和应用模式。

自然语言处理近年来取得了显著进展。例如，2022 年，OpenAI 推出的 ChatGPT 能根据用户指令高质量生成文本内容，被称为 AIGC 的里程碑。我们国家的讯飞翻译，1 小时音频 5 分钟出稿，准确率达到了 98%，支持 9 国语言，全场景同传翻译。计算机视觉的人脸识别在安全监控、身份验证和个性化服务等方面得到广泛应用。车辆可以实时地识别道路标志，如限速标志、禁止通行标志、加油站标志等，提高了交通安全和驾驶体验。人工智能应用于医学影像分析，可以有效地处理和分析医学影像数据，如 CT、MRI 等图像，从而帮助医生进行诊断和治疗，还可以辅助医生进行药物研发和治疗方案设计，加速新药的研发和临床应用。许多科技公司和汽车制造商都在积极研发自动驾驶技术，例如，华为的 ADS、特斯拉的 FSD。机器人技术在各个领域都有广泛应用，包括工业生产、医疗护理、农业等。例如，机器人在工业中可以实现自动化生产，提高生产效率和质量。在医疗护理方面，机器人可以辅助医生进行手术操作，提高手术的精确度和安全性。强化学习近年来取得了一些重要的成果。例如，DeepMind 团队开发的 AlphaGo 和 AlphaZero 模型在围棋、国际象棋和日本将棋等游戏中取得了令人瞩目的成绩。强化学习还可以应用于机器人控制、自动驾驶等领域，实现智能决策和行为。这些最新的人工智能成果展示了人工智能在各个领域的潜力和应用前景。随着技术的不断发展和创新，我们可以期待更多令人惊喜的人工智能成果的出现。

物联网发展新模式

物联网，即"万物相连的互联网"，是互联网基础上延伸和扩展的网络，将各种信息传感设备与网络结合起来而形成的一个巨大网络，实现任何时间、任何地点，人、机、物的互联互通。

物联网可以用于建设智慧城市。通过连接城市中的各种设施和设备，比如路灯、交通信号灯、公共交通工具等，可以实现智能交通、智能停车、智能城管等功能，提高城市管理的效率和智能化水平。

智慧建筑通过物联网技术，可以实现建筑设备的智能化控制和自动化管理，包括智慧消防、智能电梯、楼宇监测等。通过智能感知和自动化控制，提高建筑能效，减少运维成本。可以通过放置在设备和基础设施材料上的传感器来监测和维护设备和基础设施的状态，并在出现故障时发出警报。

智能家居通过监测家居产品的位置、状态和变化，分析变化特征，并给予用户个性化反馈。比如智能灯泡、智能插座、智能门锁等，可以实现远程控制、自动化操作、智能安防等功能，通过智能机器人、手机 App 等方式实现控制，提高生活质量和舒适性，实现安全、高效和方便的生活。

智能环保通过连接环境监测设备和污染治理设施，实现实时监测、远程控制、智能预警等功能，提高环境保护的效率和质量。

智慧交通通过车联网，可以实时获取到车辆周围的环境信息，包括道路状况、交通信号等，从而实现车辆的自主导航和智能控制。此外，车联网还可以提供车辆位置、速度、路线规划等功能，帮助驾驶员更好地管理和安排行程。车联网的应用范围广泛，可以为车辆提供更全面、更智能的出行解决方案。

　　智慧农业可以实时监测土壤温度、湿度、光照等信息，了解农作物的生长情况，实现精准施用肥料、除草剂和灌溉水等措施。同时，智慧农业还可以实现自动化作业，提高农业生产效率和质量。智慧农业的发展将推动农业的数字化、智能化和数据化，为农民提供更高效、更安全、更舒适的农业生产环境。

　　智能能源可以实现水、电、燃气等表计以及路灯等远程控制，还可以与环境保护相结合，通过与水能、电能、燃气以及路灯、井盖等环保设备相结合，实现水能、电能、气能等资源的高效利用，提高整体利用效率，减少能源的损耗。

　　智慧物流通过连接各种物流设备和传感器，可以实现智能调度、智能配送、智能仓储等功能，提高物流运作的效率和安全性。

　　智能制造主要应用于智能化的加工生产设备监管和厂区的环境监测方面，可以安装传感器对机器进行远程控制，在环境上可以监测湿度、温度和烟感。通过智能制造系统，实现数字化、智能化的生产，实现设备自主运行和环境监测的自动化。智慧工业通过物联网技术和3D打印技术的结合，将个性化需求和生产数据通过工业自动控制系统传送到生产线上，实现了智能化生产和智慧化生产。

　　智能医疗包括可穿戴和数字化医院，通过物联网技术实现医疗设备的智能化管理和智慧化管理，包括传感器、移动设备、医疗设备等，方便医生和患者互动，提高医疗效率和质量。此外，物联网还可以帮助患者记录和分享健康数据，实现远程医疗和医疗服务。

　　智能零售通过传感器、摄像头等设备收集商品信息，通过算法和数据分析，提供个性化推荐、购物预测和购物环境分析等功能。智能零售通过数字化升级和改造，提升了商品的个性化、消费者的购物体验和销售效率。例如，无人便利店通过RFID技术，用户可以通过扫码开门自动购买商品，无须排队等待。智能零售通过智能技术，为商家提供了更高效、便捷、低成本的经营模式，提升了经营效率。

智能仓储主要采用基于 LoRa、NB-IoT 等传输网络的物联网仓库管理信息系统，通过数字化管理仓库各个环节数据，实现库存的实时监控和有效管理。通过物联网设备实时监控货品的状态，指引设备运营，实现门禁、报警和监控等功能。通过图像传输和存储对拍摄的图像进行分析和处理，以实现对安全事件的智能判断和监控，还可以与其他设备进行联动，如与智能摄像头、报警器等进行联动，实现更全面的安全防护。

区块链是数字经济新基建的基石

区块链技术是一种去中心化、安全可信的分布式账本技术，它可被用于数字货币、数字证券、供应链管理、公共服务等多个领域。具有数据不可篡改、去中心化、高度透明的优势，能有效解决数据孤岛问题、数据信任问题、协作效率和数据安全问题。

首先，从信息互联网到信任互联网，区块链形成共识机制，能够解决链上主体的信息不对称问题，真正实现到信任互联网的转变。区块链最重要的是能够建立价值共识，这种共识主要基于价值量化能力和价值安全两个方面。价值量化是通过数字化方式描述，价值安全则是在描述清楚后，保护数据不被篡改，并可随时随地查询。区块链在数据互通机制、信用体系搭建上有非常重要的作用。

其次，区块链是各行各业的标准化和共识机制。在农业、工业、商业流通和供应链传递过程中，很多环节没有实现标准化，而区块链是互联网进一步升级的工具，可以帮助企业和资产做标准，实现标准化之后，区块链才能搭建一个全新体系。

最后，是区块链+。区块链的部分价值以区块链+数据库的形式发展到一定程度就是私有链，从私链到公链就是打破局域网和建立数据标准化的过程。

区块链解决了物理世界唯一性和数字世界复制成本低这一矛盾，实现了物理世界到数字世界的唯一映射，从而使价值得以顺利流通。我国在这一新赛道处于国际领先位置，有充分资格争取该领域的规则制定权。区块链技术完全有基础也有能力成为中国科技自立自强的重要支撑，以及我国发力原始创新在第四次工业革命的浪潮中实现超越式发展的重要支柱力量。

XR打造全新的数字应用场景

XR，即扩展现实技术，是通过计算机将虚拟世界与真实世界相结合，创造一个人机交互的虚拟环境。它包括虚拟现实（VR）、增强现实（AR）、混合现实（MR）等多种技术。这些技术的融合与交互特性，让人们可以在虚拟世界和现实世界之间自由穿梭，享受沉浸式的体验。XR是计算时代关键技术的集大成者，也被称为下一代计算平台。

作为新一代信息技术的重要前沿方向以及数字经济的重大前瞻领域，XR将深刻改变人类的生产生活方式。未来，XR将有更多应用场景。首先，XR虚拟拍摄将广泛应用于数字文化领域，如影视、游戏、动画、展览等的制作过程，比如重建已消失的历史建筑和场景，"穿越"到故宫、长城等历史遗迹"参观"。让人们沉浸于数字艺术作品，在数字艺术馆中漫步、与数字雕塑互动。让古董、艺术品"复活"。看到数字人物从作品中走出、听数字音乐会等，让观众有更加沉浸式的体验，或实时交互提升真实感。其次，XR

被广泛应用于教育领域。在学习历史、地理、数学、物理、体育等学科时，XR 可以呈现出历史和现实中的场景，增强记忆，激发学习兴趣。XR 虚拟拍摄还可以用于制作虚拟实验室、虚拟手术等，使深奥难懂的医学理论变得形象立体。再次，XR 可用于工商业领域。例如，在房地产、汽车工业、服装、彩妆、眼镜等行业的设计、销售中，升级体验提高转化率。在工业设计上，虚拟驾驶、操作和设计等活动，有助于建立三维汽车模型，确定每个部件的质量，了解各个部件的运行性能，减少制造浪费和人才培训成本，改善设计体制，缩短时间提高效率。另外，在健康医疗上，微创手术借助 AR 及 VR 技术可以减轻病人的痛苦，降低手术成本及风险。最后，在军事上，模拟航天飞机的飞行训练和实验操作，可以降低危险系数，三维立体的山川地貌、海洋湖泊有助于军事演习等训练；无人机拍摄立体场景，可以降低操作难度，提高侦查效率，模拟无人机的飞行、射击等，通过眼镜、头盔等工具操控无人机进行侦查任务，减少伤亡。

城际高速铁路和城际轨道交通是新基建的重要纽带

城际高铁和城际轨道交通是城际铁路的两种形式。城际高铁是在人口稠密的城市圈或城市群中规划和修建的高速铁路客运专线运输系统，城际轨道交通则是连接城市和城市群，为通勤和公交化运营提供支持的交通客运系统。城际高铁和城际轨道交通被称为新基建，在于它们融合了一系列先进技术，包括动力装置上的储能、实时供电、充电模式，以及轨轮新材料等方面的技术创新。它们使自动运行和控制系统技术得到了广泛应用。

城际高铁和城际轨道交通为经济注入了新动力，在京津冀、珠三角、长三角等 20 多个城市群中发挥了重要作用，是城市群要素流动不可或缺的组成部分。

城际高铁和城际轨道交通的产业链长，能够涵盖上游的设计咨询、原材料，中游的建筑施工、装备制造，以及下游的运营维护和产业应用。随着新干线的开通和客流量的增加，城际高铁和城际轨道交通的商业价值将不断提升，包括广告在内的增值服务潜力巨大。

城际高铁和城际轨道交通的发展将进一步推动出行服务的"消费升级"。在政策大力推动、城市群加速集聚和技术应用深化的背景下，未来的城际高铁和城际轨道交通发展将面临典型的城际化、智能化、全球化三大趋势，将更加注重城际化发展方向，注重与重点经济区域深度契合。随着新信息技术在高铁领域的深化应用，也将呈现智慧化、智能化的发展趋势。推进全球化运营将是高铁发展的必经之路，"一带一路"倡议也为我国高铁"走出去"带来了新的历史机遇。

充电桩新基建助力新能源汽车的快速普及

发展新能源汽车是我国从汽车大国走向汽车强国的必由之路，推进充电基础设施建设是落实这一战略的有力保障。充电基础设施的不足是影响新能源汽车发展的主要瓶颈之一。根据车桩比 1 比 1 的建设目标，未来十年，我国充电桩建设存在 6300 万的缺口，预计将形成 1.02 万亿元的充电桩基础设施建设市场。

然而，充电桩建设并不简单。在停车场建桩需要付出相应的租地以及管理成本，在小区建桩需要经过电网、物业以及其他业主的申请报备。充电桩的安装需要较大电压、电流及维修管理人员，很多物业部门不愿意安装充电桩，导致充电桩安装分散，维护困难，经常出现无人维护或长时间未维护等情况，甚至出现"僵尸桩"现象。这些问题都给新能源车主带来不便，影响新能源汽车的普及和推广。因此，加强充电桩建设是助力新能源汽车行业发展的关键。

目前，充电桩建设已经纳入新基建计划中，未来会成为城市发展规划的重要组成部分，加大对基础设施建设的支持。政府可以出台相关政策，鼓励并支持商圈、单位、停车场等场所建设更多的充电服务站，提供更方便的自助式充电服务。鼓励和支持小区安装充电桩，提高小区的充电桩覆盖率和使用率，为新能源车主提供更好的充电体验。加强对充电桩维护管理的监管，规范充电桩的建设、维护和管理，提高新能源汽车的使用体验。企业可以加强对充电桩技术的研发和生产，推动充电桩的智能化、数字化和高效化发展。物业管理部门可以积极配合政府和企业，为小区业主提供充电桩安装、维护和管理服务。新能源车主可以积极参与充电桩的建设和维护，共同推动新能源汽车的普及和推广。

工业互联网深度融合各领域成果，成为新基建重要战场

工业互联网是新一代信息通信技术与工业经济深度融合的新型基础设施、应用模式和工业生态，通过对人、机、物、系统等的全面连接，构建起覆盖全产业链、全价值链的全新制造和服务体系，为工业乃至产业数字化、网络化、智能化发展提供了实现途径，是第四次工业革命的重要基石。

作为新基建设施的关键组成，工业互联网已延伸至 40 个国民经济大类。其中，在电力行业，中国华能、南方电网、国家电网等形成发电侧设备预警与节能增效、电网侧调度优化与全流程集成管控、用电侧服务提质与用电策

略优化等典型应用模式，分别实现设备故障提前预测和主动维修、电能量数据可测和用电成本降低。在电子信息行业，中国电子、华为、中兴等，通过机器视觉、大数据分析等新技术提升质量管理、设备故障诊断、产品库存管理等环节效率，通过建设互联工厂实现企业级决策优化和需求敏捷响应。在工程机械行业，三一重工、徐工集团和中联重科等通过工业互联网进行设备预测性维护、远程可视化管理，延伸出供应链金融、融资租赁等服务模式，实现"制造＋服务"格局，带来新的增长空间。在钢铁行业，鞍山钢铁、马钢集团等，积极探索生产工艺优化、多工序协同优化、多基地协同、产融结合等典型应用场景，通过模式创新实现新价值创造和新动能培育。在采矿行业，陕煤集团等采矿企业利用"5G+工业互联网"，开展智能采掘与生产控制、环境监测与安全防护、井下巡检等，把人从危险繁重的工作环境中解放出来，促进了采矿行业绿色、安全生产。在家电行业，格力、海尔、美的等轻工家电企业依托工业互联网开展规模化定制、产品设计优化、质量管理、生产监控分析及设备管理等应用探索，提升用户交互体验、品质一次合格率与生产效率，节省设备运维成本，满足客户个性化需求。

除了大型企业，中小企业转型工业互联网的呼声也越来越高，可以利用平台软件运营服务（SaaS）部署经营管理类云化应用，可以通过工业互联网平台融入到社会化生产体系中，获得潜在的订单和贷款。

未来，工业互联网技术将进一步发展，工业知识图谱技术驱动产品全生命周期知识融合应用，工业大模型落地，工业级场景需求升级，工业数字孪生技术推动数字技术在制造业的规模化应用，工业场景数字化多元化，边缘计算加速数字应用落地生产环境……

第十章
数字中国建设过程中标杆企业
横空出世

在数字中国建设过程中，一批标杆企业如华为、联发科、当红齐天、京东科技、科大讯飞、影谱科技、浪潮集团和奇安信等涌现出来，它们在数字化转型、科技创新和产业升级方面发挥了重要作用。这些标杆企业不仅为数字中国建设提供了可靠支撑和先进经验，也为中国经济高质量发展注入了新的动力和活力。

民族的华为，中华有为

华为的成长史是一部荡气回肠的创业史和科技史。正如中华民族在历史长河中历经磨难，始终坚韧不拔、奋发图强一样，华为也在几十年的发展中展现出顽强的生命力和创造力，挺起了民族的脊梁。

1. 遥遥领先的民族之光

2023 年 8 月 29 日，华为 Mate60 Pro 搭载一颗中国芯——麒麟 9000S 强势回归，标志着美国芯片霸权的终结。华为 Mate60 Pro 突破了美国面对华为手机销量世界第一后的强制封锁，从占比 25% 的国产零部件到 Mate60 Pro 的一万多个零部件以及制造这些芯片和零部件的设备几乎全部实现国产化。华为 Mate60 Pro 中国"争气机"昭告了中国自主高端芯片技术及其背后配套产业链的突围，意味着中国高端设备制造业的巨大发展前景。华为 Mate60 Pro 的成功突围，体现了华为作为一家全球领先的科技公司的实力和韧性，体现了中国的科技自信，更是中国科技迈向世界舞台的生动例证，反映了中华儿女面对重重困难奋起的民族精神。美国芯片霸权的破灭，不难看出全球化背景下的技术竞争并非零和游戏，与其盲目制裁，不如鼓励支持创新，推动全球科技发展，这才是回归人类正常价值观，实现共赢的最佳路径。

2. 构建全球领先的数字基础设施

数字中国的发展离不开基础设施这一底座。中国已建成全球规模最大、技术最领先的数字基础设施。数字基础设施是构成特定网络的硬件和软件的集合，基础软件从突破根技术、开源完善基础软件体系、构建繁荣的生态体系等方面来了解，先进的网络需要从算力网络、工业互联网网络和感知网络来定义。

第四次工业革命，算力是基础。算力是推进数字经济发展的核心生产力。华为基于"鲲鹏＋昇腾"双引擎计算战略，通过硬件开放、软件开源，开拓万亿计算产业。鲲鹏能为云计算、高性能计算、大数据、分布式存储等提供高效算力，为各行业应用提供全面一体化的信息化解决方案。多地人工智能计算中心基于国产昇腾 AI 上线运营，城市 AI 算力成为新的公共资源，智能化更加普及。"中国算力网—智算网络"是中国算力网一期工程的核心板块之一，它的上线标志着中国算力网计划的全面展开，是中国算力网络建设迈出的关键一步。"天成"全液冷多样性算力平台，助力提升多样化算力水平。2023 年，华为发布星河 AI，引领行业进入大模型时代。华为星河是基于华为盘古大模型训练的通信网络大模型，该模型具有强大的语义理解和专业知识，支持知识问答、交互式的业务分析与辅助决策。

有算力还要有算力网络的连接能力，实现数据中心间 EB 级海量数据的高速传输和超大规模集群连接，为应用提供保障。华为的全新数据中心交换机支持业界最大规模、百万级服务器的无损互联，并且首创智能流量调度算法，使 AI 训练性能提升 20%。

数据是战略性资源，人工智能要想快速发展，必须注重数据资料的数字化存档，让数据存储得下、跑得快、用得好。2023 年，华为全闪存存储技术达国际领先水平，成为全球首个达到国际标准的存储品牌。全闪存存储技术作为一种高性能的存储方案将改变传统的存储方式，使得数据的存储和处理更加快速、高效、安全，满足云计算和大数据应用对于高速存储的要求。华为围绕闪存介质对全系列产品进行升级，提供先进的存储解决方案，提升数据安全保护能力。

华为云 2023 年蝉联中国大数据平台整体市场（私有化部署＋公有云服务）第一。2023 年 8 月，华为鸿蒙 4（HarmonyOS 4）操作系统正式发布，鸿蒙生态的设备数量已超过 7 亿。

中国是世界第二大经济体、世界第一大工业国，以华为 FusionPlant 为代表的双跨工业互联网平台，在各城市地区打造的区域工业互联网平台创新中心、云工厂，正在和各个城市、地区的各领域产业集群形成"乘法效应"。

感知网络是领先的网络基础设施，具备强大的连接能力和融合感知能力。千行百业智能化，离不开感知和全光网。华为构建的开放智能感知网络体系，以感知网络为基础，以数据共享为核心，支持传统的基础设施长距离感知、精准防护、实时监测、无电无网部署。基于华为智慧城市物联感知网解决方案，以城市智慧杆站为锚点，构建全面感知的智慧城市基础设施系统，迭代创新数字杆站、数字管线、数字场站等系列产品组合方案，使传统基础设施运行更安全、更高效，共同筑牢中国数字基础设施。华为深耕第五代固定网络（F5G）领域多年，智简全光网解决方案已为数十个行业提供超过 50 个创新场景化应用。

另外，华为也在拓展边界，布局新能源生态。2023 年，华为全液冷超充正式上线，为新能源汽车行业带来革命性的突破。这一技术在电池充电和散热方面优势显著，匹配所有车型，极大地提高了充电安全和智能化程度，减少了碳排放，可以推动环境保护和减缓气候变化。

【简评】

华为的发展历程是一部波澜壮阔的创业史和科技史。改革开放四十余年，中国经济先后经历了"要素驱动""资本驱动"的发展阶段，正逐步迈向"创新驱动"的换挡提速期，企业势必遭遇前所未有的认知模式或商业体系挑战。华为 Mate60 Pro 是科技上甘岭战役的胜利，更是中国从官方到各相关企业到广大民众，万众一心、众人拾柴的超强民族精神的胜利。华为的奋斗史和血泪史，激发了全体国人的民族自信。

正如任正非所说："我们在为自己，也在为国家。为国舍命，日月同光；凤凰涅槃，人天共仰。历史会记住你们的，等我们同饮庆功酒那一天，于无声处听惊雷。"

联发科3nm国产天玑芯片带来半导体行业革新

联发科技股份有限公司（Media Tek Inc.）是中国台湾地区的一家全球知名半导体公司。它是全球第四大无晶圆厂半导体公司，在移动终端、智能家居应用、无线连接技术及物联网产品等市场位居领先地位。

2023年，联发科先后发布了多款新品，建立了完整的终端运算生态系统，加速了智能手机、汽车、智慧家庭、物联网等终端装置上的AI应用开发。

2023年9月，联发科与台积电合作研发的3nm天玑芯片宣布成功流片，计划在2024年大规模投入生产。联发科3nm天玑芯片的技术具有突破性优势，给高端芯片市场带来巨大的冲击。其突破性优势表现在逻辑密度、速度和能耗方面的显著提升，能够为智能手机、平板电脑等智能设备提供更强大的支持和更长久的续航能力。3nm天玑芯片的技术突破将为消费者带来更高的性能和更低的能耗，进一步提升用户体验。

【简评】

联发科连续三年领跑芯片市场，2023年，在全球手机SoC市场份额继续保持第一。3nm制程是半导体制造领域的一项重大突破。要成功流片一款3nm芯片，需要的不仅仅是技术，还有团队的合作与坚韧不拔。这一3nm制程的成功流片对整个半导体产业链都将产生深远的影响。首先，芯片制造设备供应商将受益于新技术的需求增加，推动他们的研发和生产。其次，集成电路设计公司将有更多的选择，可以根据新的芯片制程要求来进行设计优化。再次，消费者将获得性能更强大、能效更高的设备，从而提高用户体验。最后，这也将有助于各国半导体产业的发展，促进科技进步。它标志着半导体制造技术的不断进步，也为智能科技领域的创新提供了强大的动力。3nm 天玑芯片的流片为我们的科技生活带来更多令人期待的发展。联发科将激励更多的科技公司继续努力，推动半导体技术不断突破，为人类创造更美好的未来。

当红齐天"5G+XR+算力网络"为元宇宙提供数字基础设施

当红齐天集团是一家致力于创造极致沉浸式体验，集"XR 内容制作 + 终端研发 + 实景落地 + 数字运营系统解决方案"于一体的文化科技公司。是北京冬奥会、冬残奥会和党的二十大新闻中心 XR 体验提供方。作为国内最早的一批 XR 探索者，当红齐天以"技术内容研发 + 应用场景落地"闭环，经过多年持续深耕，已成为中国 XR 头部企业。

当红齐天集团的"5G+XR"七大业态涵盖"XR+ 科幻乐园、XR+ 科技秀演、XR+ 智能体育、XR+ 文博科普、XR+ 爱国主义教育、XR+ 夜游光影秀、XR+ 线上元宇宙"等文旅商娱体展教业务领域，拥有元宇宙大型线上线下数实融合体验的商业化落地能力。四大平台战略包括内容平台、技术平台、硬件平台和 AI 虚拟人用户生成内容（UGC）平台。

当红齐天的"5G XR 繁星计划"为探索元宇宙产业化落地提供了良好的实践样本。在全球范围铺设小体量高容量的"Real 元宇宙体验馆"，连接更多城市、更多人共赴元宇宙。"Real 元宇宙体验馆"也将发挥 VR 电子竞技国际大赛（VRES）海选及晋级赛举办场地的功能，为电竞文化的传播推广以及数字经济的蓬勃发展带来驱动力。"5G XR 繁星计划"以 VR 电子竞技国际大赛为牵引，5G+XR 为核心技术支撑，大空间真人 VR 电竞为社交载体，助力智能体育竞技全民发展，用商业、校园、社区等多业态渠道，普及推广 5G+XR 应用场景，为元宇宙加速数实融合不懈努力。

当红齐天已在全国 16 个城市和地区落地大型沉浸式体验项目，打造数字时代的城市新地标。首钢一号高炉·元宇宙乐园是由当红齐天集团打造的国家级元宇宙项目"样板"。它是全球首个全沉浸式主题科幻综合体，全球首个 XR 技术和工业遗存结合的国际文化科技乐园，全国首个利用"5G+算力网络"实现"广域大空间 VR 互动"新场景、构建"无界"元宇宙的文旅项目，开创了 5G+XR 技术方案从本地升级到全域体验，为元宇宙从概念走向落地起到了引领示范作用。

当红齐天集团正以新一代信息技术持续丰富和拓展经济各行业各领域的元宇宙数字化应用场景，加速催化传统行业的"数字蝶变"，助推数字经济发展，为实体经济转型升级贡献力量。

【简评】

当红齐天集团作为中国 XR 行业的翘楚，具备首屈一指的大场景虚拟现实技术应用综合解决方案，为 XR 行业技术商业化路径提供了独特的借鉴价值。同时，当红齐天集团在全国多省市虚拟现实乐园和电竞消费综合体项目的陆续落地，为国内地方文旅基建的数字化升级提供了有力保证，为消费者带来了全新的科技娱乐感受。

5G+XR 将颠覆人们的生活方式，给各个行业带来变革化影响。身为国家级数字媒体科技团队，当红齐天集团持续导入优秀的数字内容和应用场景，致力于"科技 + 文化"的双向融合，始终坚持为推进文化自信自强、数字经济繁荣发展不懈努力。

XR 行业伴随元宇宙的崛起迎来了黄金发展期，期待能有更多像当红齐天集团这样的优秀企业涌现，去定义这个行业，去引领生态完善。

京东以数智化社会供应链推动数实融合

京东集团在 2023 年 9 月全国工商联发布的中国民营企业 500 强榜单中蝉联民营企业 500 强榜首，也是唯一一家收入破万亿的民营企业。京东致力于用技术驱动供应链，将数据和算法融入仓储、采购、履约等全部业务流程，通过持续技术投入与创新实现降本增效，推动数实体融合。

在供应链领域，京东建立起了"货网、仓网、云网"三网通体系，通过数字和智能化连接用户、商品以及品牌厂商、制造企业和各大产业带。京东形成了独具特色的数智化社会供应链，为实体产业的发展做出了贡献。通过加强在供应链领域的技术创新，进一步优化货物流转和仓储管理，实现更快速、更高效的供应链运作，发展物流机器人、无人机等智能配送技术，提升物流运输的效率和安全性。未来将进一步应用人工智能技术，例如在个性化推荐、智能客服、智能供应链优化等方面，提升用户体验和供应链效率。数实融合已经成为稳增长促转型、推动高质量发展的重要引擎。京东对新兴技术如区块链、物联网、边缘计算等加大研发应用，提升用户"多、快、好、省"极致体验，进一步加大与产业链合作伙伴的合作力度，探索利用这些技术优化供应链、增强数据安全和隐私保护。

京东作为新型实体企业，以数智化社会供应链深度参与制造业的精益生产和制造，推动实体企业数字化升级，为扩大内需与深化供给侧结构性改革、增强国内大循环内生动力和可靠性提供了重要支撑。

【简评】

京东集团从中关村柜台发展到电商巨头，始终立足"以供应链为基础的技术与服务企业"定位，不断提升自身综合实力和核心竞争力。作为一家具备实体企业基因和属性同时拥有数字技术和能力的新型实体企业，京东沿着新型实体企业的发展道路，通过建设和完善数智化社会供应链基础设施，促进数字技术和实体经济深度融合，为客户、为行业、为社会创造价值，并将自身发展紧密融入国家战略和时代趋势，以此激发更大活力，实现高质量发展。

科大讯飞领跑国产大模型赛道

科大讯飞股份有限公司是中国最大的智能语音技术提供商，专业从事智能语音、人工智能核心研究和产业化研究，保持了国际前沿技术水平。

2023 年 5 月，科大讯飞首次发布讯飞星火认知大模型。8 月，科大讯飞发布讯飞星火认知大模型 V2.0，并携手华为发布星火一体机。新华社研究院、《麻省理工科技评论》等权威平台发布的大模型评测报告中，讯飞星火认知大模型总分排名第一，智慧程度极大领先于其他国产大模型，被评为中国"最聪明"的大模型。讯飞星火在文本生成、语言理解、知识问答、逻辑推理、数学能力、代码能力、多模态能力七大核心能力上全面升级，其完成的在金融、政务、教育、办公、汽车、工业、医疗等领域的专属大模型的数据显示，在场景任务优化和私域知识增强等方面平均效果提升显著。同时，科大讯飞还和开发者一起持续构建通用人工智能新生态，吸引更多人加入通用人工智能的浪潮。

而科大讯飞携手华为发布的星火一体机的训练和推理一体化部署，能用于问答系统、对话生成、知识图谱构建、智能推荐等领域的应用，使得每一家企业、每一所学校、每一家医院都有机会在国产自主创新平台上更方便、更自主安全可控地构建自己的专属大模型。科大讯飞和华为已在联合打造面向超大规模大模型的训练国产算力的集群，形成集群化的优势。

【简评】

科大讯飞始终坚持价值创造的根本，积极推动认知大模型全面赋能千行百业，升级万物互联时代的人机交互，实现多项从 0 到 1 的创新应用赋能智能硬件，以大模型技术进一步升级和完善人工智能生态。产业生态决定人工智能的未来，科大讯飞在技术层面持续凝聚全球生态伙伴形成深度合作，构建全球技术生态的同时推进产业落地，以人工智能的多元产品服务全球人民、建设更加美好的世界。

影谱科技"以数强实"助力数实融合向更高层次演进

影谱科技公司是国内领先的智能影像生产技术提供商及应用方案提供商。该公司专注于视觉内容的生产效率与呈现交互方式的技术研究，面向媒体、文化、科教等多行业领域提供一站式的智能解决方案，为产业链广泛"赋能、赋智和赋值"。全面服务数字中国建设，推动数实融合向更高质量发展。

影谱科技是国内首家提出生成式 AI 技术应用概念的公司。2018 年，影谱科技发布了基于生成式 AI 的技术框架和生成引擎，实现内容生产的自动化、规模化和标准化。影谱科技自研多模态大模型"苍穹"经过数年技术迭代和实践应用，升级为"苍穹 3.0"产业大模型，其具有丰富视觉物料库、高效视觉融合能力、精准特征提取能力和多业务场景适应能力，在多模态预训练、平台服务、落地应用等方面实现突破，能作为底座将 AI 技术广泛赋能商业、政府、文化、传媒、娱乐等领域，构建面向全行业的 AI 新型基础设施。

2023 年，影谱科技打造元宇宙活动平台"影宙"，支持 AI 驱动的数字孪生视觉显示，可创建空间高维信息，调整数据单一化统计，构建物理世界与元宇宙世界虚实转换的桥梁并实现可视化交互，在元宇宙中实现应用。目前，"影宙"已经切入商业、政务、文创、文旅、传媒、工业制造等多个行业领域。"影宙"可在三个方面实现履约服务能力。从技术创新角度，"影宙"利用 3D 建模及重建、成熟的 AI 算法及稳定的工程化能力，输出交互式 AI 孪生图像和视频，甚至可根据提供的视觉元素定制恰当的展示场景。在交互体验层面，"影宙"拥有丰富的虚拟形象、高精度的动作表情，可同时通过语音手势等感知实现自然交互，拥有交换名片、浏览传送、物品操作、多媒体文件播放等场景互动功能，提供音视频会话服务，为展位交流、商务洽谈等场景提供支持。在技术保障层面，"影宙"提供云算力支持、数据治理一体化工具、通用模型开发能力，以通用性、复用性、业务性为特点，在过程中持续提升技术资产组合标准化程度，实现行业特定解决方案的快速组装及部署，从而实现高效率、低成本、规模化的 AI 孪生能力输出。在实践中，"影宙"不仅构建了元宇宙核心技术，积极领跑元宇宙与各垂直行业的融合应用，也为客户带来了实际效用和商业价值。例如，在科技领域，支持中国（南京）文化和科技融合成果展览交易会打造元宇宙会场，高精度复刻现实场景；在文化领域，为中国非遗年度人物展打造元宇宙展厅，通过虚拟分身、虚拟展厅的多元交互，成为元宇宙非遗文化的首发案例。影谱科技的"影宙"平台为元宇宙的发展提供了新的思路和方向，并在实际应用中展现出了巨大的潜力。

【简评】

在数字经济蓬勃发展的背景下，科技企业正发挥着推动者和引领者的作用，依托科技创新和数据智能为各地数字经济发展提供支撑。影谱科技在这股数字化浪潮中与时俱进，积累关键技术，探索新的应用模式，为数字中国建设提供了很好的借鉴。

在当前我国数字经济蓬勃发展的时代背景下，影谱不断加大研发投入力度，提高产业技术渗透率，打造促进数字经济与实体经济互联升级的数实融合优质范式。

奇安信"零事故"打造数字丝绸之路安全底板

奇安信科技集团股份有限公司是中国最大的网络安全公司之一，专门为政企客户提供企业级网络安全技术、产品和服务。截至2022年，该公司在人员规模、收入规模和产品覆盖度上位居行业第一。

2022年，奇安信圆满完成北京冬奥会和冬残奥会的网络安全保障任务，兑现了冬奥网络安全"零事故"的承诺。2023年，奇安信发布"奇安天盾"数据安全保护系统，全面破解数据安全风险难看清、内鬼难管好、外部攻击难防住的三大难题。这些针对数字化时代的安全需求而设计的产品，具有很强的市场潜力和竞争优势。奇安信发布的"零事故"城市安全运营中心2.0，以内生安全为核心，以零事故为目标，构建全方位、全域性、多层级、协同化的城市安全管理和防护体系，实现城市网络安全运营的可观、可管、可控。在安全能力方面，城市安全运营中心通过多元数据的汇聚及分析，全面掌握城市网络安全情况、威胁情报线索，可实现城市一级、行业二级、政企单位三级的城市三级联动网络安全运营与指挥服务；在数据安全方面，除零信任体系外，增加了数据安全运营保护、数据跨境安全监测等保护组件，构成更加完善的数据安全保护系统；在安全运营方面，通过资产管理、监测分析、安全报告、事件处置、安全态势可视化、漏洞管理、风险预警七大运营服务场景支撑，实现城市网络安全"一屏可观""实时可管""实时可防"。

网络空间是国际竞争的主战场，网络安全对于国家安全和国际稳定都有着举足轻重的作用。进入数智时代，网络安全、数据安全的挑战持续升级。数据安全成为数字丝绸之路的基础和保障。随着数据价值和地位的提升，以数据为目标的网络攻击和网络犯罪愈演愈烈，全球数据安全呈现三大趋势。一是国家间科技竞争和对抗持续升级，加剧了数据利益争夺；二是数字化发展中的新场景和新技术加大了数据安全风险；三是全球范围内的安全治理体系完善增加了数据合规压力。在建设数字丝绸之路过程中，必须以"业务不中断""数据不出事""合规不踩线"的"零事故"为标准，打造数据安全底板。总结起来，要采取三种举措：一是运用系统工程方法，全局性、系统性地打造数据安全治理体系。需要面向数据的全链路、全生命周期，用系统工程的方法，全局性、系统性、体系化地规划、建设和运行数据安全体系。二是将安全内生于数据的全业务、全链路、全流程。内生安全理念就是把安全能力内置到数字化环境和业务系统中，感知、响应对业务系统和数据的任何破坏行为，真正做到"事前防控"。三是利用融合创新思维，基于场景和应用创新发展数据安全技术和产品。数据要发挥价值，需要与应用、业务和场景结合。当下"一带一路"合作伙伴都在大力推进数字化转型，对数据安全有强烈需求。奇安信希望从"加强数据安全战略、法律和法规研究""共同开展数据安全领域的教育培训与人才培养""拓展网络安全技术与服务"三个方面，加强与"一带一路"合作伙伴的交流合作，真正实现"让网络更安全，让世界更美好"。

【简评】

数字丝绸之路是数字基础设施、数字技术等与"一带一路"的有机结合，为沿线国家和地区的数字经济发展创造广阔的合作新空间，为弥合全球数字鸿沟做出重要贡献，是中国在数字经济时代提出的推动全球共同发展的重要举措。数字丝绸之路建设有利于"一带一路"沿线国家和地区的经济复苏，提升其国际竞争力和影响力。中国推进数字丝绸之路将不断促进区域市场的开放力度，优化区域产业布局，与沿线国家和地区形成"利益共同体""命运共同体"。网络安全事关国家长治久安，事关经济社会发展和人民群众福祉，没有网络安全就没有国家安全。健全国家安全体系的一项重要内容就是加强网络安全保障体系建设，构筑国家网络安全的坚固屏障。网络安全是网络强国、数字中国建设、前沿技术安全应用的重要保障。奇安信等一批中国优秀网络安全企业为数字中国建设、为数字丝绸之路建设打造网络安全底板，有效保障数字建设各环节的安全运行。把祖国安全放在第一位的网络安全企业们，好样的。

后 记

在《数字中国》这本书中，我们对数字中国建设进行了深入解读和分析，全面呈现了数字中国建设的发展现状和未来发展方向，帮助读者深刻认识数字化转型对中国现代化新征程的影响和意义，为政府、企业、学术界和社会各界提供有益的思路和借鉴，助力数字中国建设蓬勃发展。

本书涉及数字中国建设各方面的系列举措，包括总的方针政策和各细分领域政策、最新成果、实践案例、未来发展趋势等。通过对这些方面的深入探讨分析，相信读者可以更加全面、准确地了解数字中国建设的发展现状和未来发展方向，更加积极、客观地参与到数字化转型中来。

数字中国建设是一个长期过程，需要各界合力。政府需要加强政策引导和组织协调，推动数字化转型有序推进。企业需要加强数字化创新融合，提高数字化迭代应用和服务水平。学术界需要加强数字化转型理论实践研究，提供智力和学术支持。社会各界需要加强在数字化转型各领域的参与贡献，添砖加瓦，推动数字中国建设向着共同目标迈进。

数字中国是中国式现代化的重要引擎，数字中国建设的成功实践，将为其他国家和地区的数字化转型提供有益借鉴。在数字中国建设稳步推进的同时，需要加强与其他国家和地区的互惠合作，建立数字丝绸之路，推动区域生态发展，形成命运共同体，共同构建全球发展新格局。

希望本书成为读者了解数字中国建设的重要参考资料，再次感谢您的阅读与支持。

感谢所有为本书完成提供意见的专家和学者，他们的专业知识和深入分析，为本书质量提供了坚实的保障。同时，也要感谢出版社对本书内容的肯定和专业的编辑加工作，使得这本书更具实用性和可读性。

愿我们大家在数字中国建设的道路上不断前行，为实现中华民族的伟大复兴做出贡献。愿祖国山河锦绣，繁荣昌盛。

杨乔雅

2023 年 10 月于北京

参考文献

［1］王文，刘玉书著．数字中国：区块链、智能革命与国家治理的未来［M］．北京：中信出版社，2020.

［2］刘兴亮，王斌主编．数字中国：数字化建设与发展［M］．北京：中共中央党校出版社，2021.

［3］何伟，左铠瑞，张东等著．数字中国：洞察产业数字化发展新趋势［M］．北京：人民邮电出版社，2022.

［4］[德]诺伯特·海林著．寇瑛译．新货币战争：数字货币与电子支付如何塑造我们的世界［M］．北京：中信出版社，2020.

［5］资料其他来源：学习强国、《学习时报》、百度、雪球、CSDN、知乎、搜狐、新浪、《光明日报》等的最新资讯。